程翰 —————— 譯

馬克‧奧尼爾
Mark O'Neill —————— 著

蔣經國的
俄國妻子
——
蔣方良

U0061600

China's Russian Princess:
the Silent Wife of
Chiang Ching-kuo

目錄

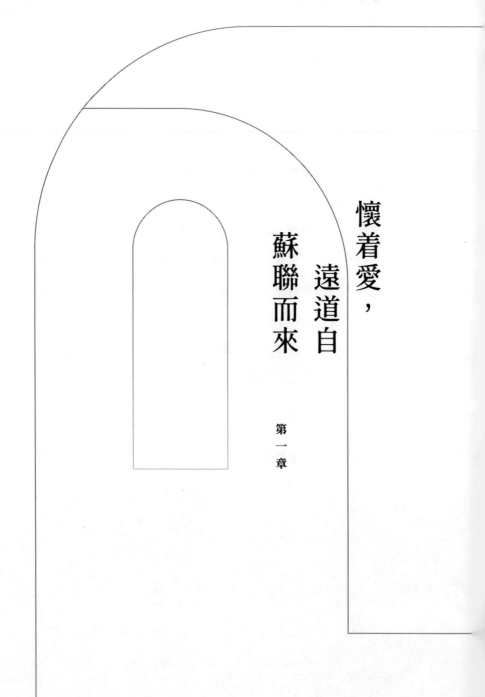

懷着愛，
遠道自
蘇聯而來

第一章

1933 年一個寒風徹骨的冬夜，芬娜‧伊巴提娃‧瓦哈瑞娃（Faina Ipatèvna Vakhreva）走在位於歐亞兩洲邊界的斯維爾德洛夫斯克（Sverdlovsk）街頭，她的未來人生，從此改變。芬娜，即後來的蔣經國夫人蔣方良（她的中國名字。她隨丈夫返回中國後，丈夫替她取的）。那個晚上，芬娜徒步回家，一個魁梧的俄羅斯男子走在她身旁，芬娜對這個男人的「關懷備至」越來越不耐煩。一個剛下晚班、也是走路回家的中國青年認得這個姑娘──他和她來自同一家工廠；前面一男一女的「互動」都被中國青年看在眼裡，他趨步向前，走到那俄國大塊頭跟前，要求他別再纏着芬娜。看着面前這個外形弱小的黃種人，大塊頭不屑一顧。於是，黃種人二話不說，揮拳一擊，把大塊頭打翻在地，替芬娜解了圍。

這位年輕的白俄羅斯姑娘，和長她 6 歲的中國青年蔣經國，由此開始了他們 55 年的羅曼史。異國情緣的起點，也開始了芬娜永遠告別家鄉、告別養育她的姊姊安娜的倒數計時──自 4 年之後隨蔣經國移居中國，芬娜就從未返國還鄉，一次也沒有。時年 23 歲的蔣經國，在斯維爾德洛夫斯克「烏拉爾重型機械廠」（當地簡稱 Uralmash，下文簡作「烏拉爾重機」）的車間當副管工；時年 17 歲的芬娜，剛從「烏拉爾重機」附設的技術學校畢業，被分配到廠裡當

穿着民俗服裝的芬娜。(「國史館」提供)

車工。二人雖已在工廠初遇，但直到那個深夜，這位中國青年所表現的勇氣才真正打動芬娜，讓她說服自己，把她那魁梧的俄羅斯男友甩掉。

但這兩位年輕男女，是怎麼從各自遠在千里以外的家鄉，來到這座城市並相遇的呢？

凱薩琳一世之城

「斯維爾德洛夫斯克」（Sverdlovsk）是這座俄國城市在 1924 至 1991 年間的名字，蘇聯解體後，它恢復了舊稱「葉卡捷琳堡」（Yekaterinburg）。它位於歐亞大陸中部、烏拉爾山脈以東的伊謝季河（Iset）河畔。俄國沙皇彼得大帝以其妻凱薩琳的名字為該座城市命名。彼得大帝於 1725 年離世後，凱薩琳繼承其帝位。她即位後修築了俄羅斯帝國的主要道路——西伯利亞大道。葉卡捷琳堡位處自然資源豐富的地區，西伯利亞大道穿城而過，使該城日後發展成為連繫當地與帝國其他地區最重要的城市（後來的西伯利亞大鐵路也穿過葉卡捷琳堡）。1723 年 11 月 24 日——葉卡捷琳堡正式開城後的第六天，一座巨型的製鐵廠（當時世上最大的製鐵廠）落成投產。在此基礎上，葉卡捷琳堡發展成俄羅斯首座工業城市。

隨着 1917 年 10 月布爾什維克革命（又稱十月革命）的成功，新統

治者把沙皇尼古拉二世（Nicholas II）、他的妻子和五名孩子押解到葉卡捷琳堡，關在城中的伊帕切夫別墅（Ipatiev House）。為防止步步逼近的反共勢力前往營救尼古拉二世，1918 年 7 月 17 日凌晨時份，成皇（蘇共）處死了敗寇（沙皇）全家。半個世紀後的 1981 年 11 月，流亡海外的俄羅斯東正教封這位俄國末代沙皇為聖人，而他的家人則被祝聖為「新殉道者」（new martyrs）；2000 年 8 月，莫斯科的主教再封他們為「殉難者」（passion bearers）。當年處死尼古拉二世一家的行刑地，如今矗立着俄羅斯東正教大教堂（Russian Orthodox Cathedral on the Blood），以紀念羅曼諾夫（Romanov）家族最後的血脈。教堂於 2003 年 6 月 16 日獲祝聖。

1924 年，葉卡捷琳堡以布爾什維克領袖亞科夫斯維爾德洛夫（Yakov Sverdlov，1885-1919，列寧的親密戰友）的名字更名為「斯維爾德洛夫斯克」（Sverdlovsk）。新政府將該市所有工業企業收歸國有，並設立了這座城市的第一間大學、一所理工學院和一所醫學院。市政府將該市打造成重工業中心和軍器工業重鎮——巨型工廠林立，特別是機械廠和金屬製造廠，「烏拉爾重機」正是其中之一。該廠於 1933 年投產，主要生產烏拉爾山地區和西伯利亞地區採礦和冶金工業用的高爐設備、起重機、壓力機、軋機和燒結機。「烏拉爾重機」是蔣經國和芬娜供職的地方。工人從鄰近地區湧進斯維爾德洛夫斯克，到城裡這些新蓋的工廠幹活；到了 1939 年，全市人口已達 42.6 萬，3 倍於 1926 年的數字（13.6 萬）還不止。到 1930 年代末，該市已有 140 家工業企業、25 所研究院、12 所高等教育學院。蘇維埃統治期間，斯維爾德洛夫斯克不對外

國人開放——政府認為工業和軍工生產情況乃國防安全情報。直到 1991 年蘇維埃最高領袖戈爾巴喬夫（Mikhail Gorbachev）取消這個限制，這個局面才告終結。同年（9 月 4 日），蘇聯解體，這座城市也恢復了舊稱「葉卡捷琳堡」（Yekaterinburg）。

放逐與貧窮

芬娜於 1916 年 5 月 15 日在白俄羅斯東部小城奧爾沙（Orsha）出生，父親是一名鐵道架線工。奧爾沙位於維捷布斯克（Vitebsk）地區、聶伯河（Dnieper）和奧什察河（Arshytsa）的交滙處，是俄羅斯最古老的城鎮之一，其歷史已超過 1,100 年，芬娜兒時就在那裡度過。16、17 世紀，這裡是無數場戰爭的殺戮場，一而再地被戰火摧毀；從 16 到 18 世紀，這裡是著名的宗教信仰中心，眾多東正教、基督新教、天主教的教會和宗派分佈其中。這裡也有龐大的猶太人口。1772 年，奧爾沙成為俄羅斯帝國的一部份。法蘭西大帝拿破崙（Napoleon Bonaparte）揮軍進犯俄羅斯期間，於 1812 年 7 月拿下奧爾沙；同年 11 月，敗退的法軍縱火焚城，奧爾沙付諸一炬。19 世紀下半葉，奧爾沙已發展成一國重要的交通運輸樞紐，公路鐵路縱橫交錯、河船穿梭往返。

到了 1900 年，這裡的廠家生產亞麻、皮革、磚塊、啤酒等，也出現了機械廠和鑄鐵廠。根據 1904 年的統計，奧爾沙的人口有 14,784 人，其中約一半是猶太人。20 世紀上半葉，猶太人是白俄

羅斯人口中第三多的人種。第一次世界大戰期間（1914-1918），白俄羅斯受罪甚深。沙俄政府懷疑境內的德意志裔和捷克裔人是間諜，把他們強遷至帝國內地；1915 年俄軍一次重大敗退期間，強遷行動變本加厲。軍方同時執行反猶太計劃，因此，猶太人也被強迫東遷。被強行遷離白俄羅斯的猶太人，超過 140 萬人。1916、1917 年爆發戰爭期間，敵對雙方都用上了重型炸彈和毒氣彈。根據 1918 年 3 月的《布雷斯特—立托夫斯克條約》(Treaty of Brest-Litovsk)，新生的布爾什維克政府幾乎把白俄羅斯的控制權全部拱手讓予德國。德軍遂於 1918 年 2 月到 10 月期間進佔奧爾沙，隨後，那裡變成一戰後重生的波蘭與蘇維埃新政府廝殺的戰場。芬娜一家所信奉的，是俄羅斯東正教。

芬娜一家熬過了那段悲慘歲月，大約在 1921 年，她們舉家離開奧爾沙，遷居到奧爾沙以東 2,300 公里、相對安全的葉卡捷琳堡。

芬娜童年時就失去雙親，胞姊安娜姊兼母職，把芬娜帶大。安娜是一位銑床機械師，負責生產小型零部件。她住在廠裡分配的宿舍，生活艱苦，沒有親戚照應，兩姊妹只能相依為命。1917 至 1922 年俄國內戰期間，生活條件惡化，滿街都是乞丐和餓得半死的人。經歷了一場野蠻戰爭（有 800 到 1,200 萬人死於這場戰爭），共產黨終於戰勝獲 11 個國家支持的白俄軍隊。1929 年，時年 16 歲的芬娜到「烏拉爾重機」下設的一家技術學校就讀，為時 3 年，她在那裡學習切割金屬。

在此期間，那座巨型工廠正如火如荼地興建，她和其他學生須在下課後的傍晚，到施工現場投入生產。蘇聯的生活條件嚴苛，大部份商品短缺，有很多都依賴配給。對僱員來說，獲分配到像「烏拉爾重機」這樣的國家級大型項目有不少好處，比如：準時發薪金、提供公寓宿舍、食堂供應充裕、社交和體育設施齊備等。政府希望工廠能高效運作，僱員吃得飽、體能好。在這裡，芬娜加入了「共產主義青年團」（下稱「共青團」）。

只有在 1991 年蘇聯解體後，我們才能勾勒出那個時期芬娜的「畫像」——臺灣人首度可以到葉卡捷琳堡會晤芬娜的同學和同事，後者有不少終其職業生涯都奉獻給「烏拉爾重機」，其中一位是塔蒂亞娜（Tatiana Alexeevna Kaielina）。她說，她與芬娜是摯友，共同愛好是溜冰——由於塔蒂亞娜精於此道，她自然而然地成為芬娜的教練。她告訴周玉蔻：「芬娜也喜歡游泳、與友人看電影，假期還去騎自行車。她享受生活中的一切。」(註 1) 另一位是瑪麗亞（Maria Semenova Anikeeva），她還留着一張芬娜 1935 年時相贈的照片，背面寫着「無論我在何處，我們的情誼將長留直至永遠」(註 2)。兩位故友形容芬娜暖意炙人、古道熱腸。她已克服了作為一名孤兒的淒楚，積極投入工作和社交生活；人生道路上所能給她的，她都甘之如飴。芬娜的另一個特點，就是整潔的儀表、着裝——在重工廠滿是髒塵的環境，這點尤其難得。由於芬娜和塔蒂亞娜苗條而吸引，拜倒在她們裙下的，不乏其人。

芬娜（右）與一手拉拔她長大的胞姊安娜。

非凡的「奧德賽」

蔣經國赴「烏拉爾重機」的「奧德賽」(歷險之旅)，更為非凡——蔣經國來自的世界迥異於芬娜所熟知的世界。1910 年 4 月 27 日，蔣經國出生於浙江省東部的溪口鎮。爺爺蔣明火是一位擁有田地、銷售鹽酒的富商，父親蔣介石是少數曾就讀「東京振武學校」(專為大清國留學生而設的軍事預備學校) 的華人子弟之一。蔣介石軍校畢業後成為皇軍的一名列兵 (士兵中最低的一級)。留學東京期間，蔣介石加入了反清革命組織「同盟會」，當 1911 年 10 月「武昌起義」的消息傳到東京時，他立即動身，登上一艘開往上海的船。回到故國未幾，即率領對杭州的進攻，並成功奪下該城。

自此，蔣介石在革命軍中扶搖直上，晉升高位。父親戎馬倥傯之際，母親帶着蔣經國在平靜的溪口老家生活，完全不受席捲中華大地大部份地區的戰亂所擾。將滿 6 歲的時候，蔣經國進入溪口鎮武山小學，這是當地一所傳統學校。在學期間，他是個快樂、聽話的孩子。1920 年，蔣介石把這個孩子轉學到奉化縣鳳麓學堂，那是蔣介石的母校，規模較大；兩年後，又安排他到上海法租界與繼母陳潔如同住，轉學至上海萬竹高等小學。

蘇聯給蔣介石留下深刻印象

1923 年 9 月，蔣介石率領一個 4 人代表團到蘇聯莫斯科採購軍

火，順道考察這個新生的共產國家。蔣在蘇聯的見聞（特別是「共青團」和軍中設「政委」的制度）給他留下極深的印象。1911年的辛亥革命並沒有為中國帶來一個現代的民主國家，革命的結果是軍閥擁兵、各據一方；所謂「中央政府」，不過是中華大地上其號令能及的一小塊地區而已，與當時的蘇聯比較，簡直是天壤之別——在沙俄帝國潰亡、蘇聯成立之前的那場內戰中，紅軍橫掃歐亞大陸，建立了覆蓋 2,240 萬平方公里的偌大土地（蘇聯一成立，便是全球最大國家），從西邊與波蘭接壤的邊境，一直延伸至東方的太平洋海濱。新政府正試圖進行人類社會史無前例的實驗，建立全球第一個共產主義國家——「蘇維埃社會主義共和國聯盟」，但才剛誕生，這個新生國家就得面對一眾世上最富有、最強大國家的敵視。和很多中國人一樣，蔣介石看到不少值得初生的民國欽慕並借鑒的地方，他琢磨着有哪些部份可以複製到中國來；讓蔣介石印象深刻的另一點是：當西方列強埋首於它們在中國的商業利益和勢力地盤，蘇聯卻願意向中國伸出援手——特別是在軍事方面。

1924 年 1 月，民國政府在廣州成立「中國國民黨陸軍軍官學校」（通稱「黃埔軍校」），蔣介石獲委任為首任校長。另一方面，蔣委任了一名俄國軍官加倫將軍（Vasili K. Blyucher）擔任他麾下的參謀長。年輕的蘇聯開始向中國政府提供包括大炮在內的武器。1924 年初，蔣經國自上海法租界的學校畢業，入讀上海浦東中學。同年稍後，蔣介石又安排他到北京一家新設的學校唸書，在那裡，他接觸到成立才 4 年的中國共產黨和一些共黨黨員，並到

訪蘇聯大使館，觀看電影、拜訪那裡的外交官。和許多時下的年輕人一樣，蔣經國對所見所聞感到興致盎然。他問父親能否報讀位於莫斯科、專為培養中國革命人才而創設的新學校「中國勞動者孫逸仙大學」（通稱「中山大學」），蔣介石起初反對，但到了10月，他改變主意，同意了兒子的要求。那是一個政治決定——蔣介石希望得到蘇聯軍事和外交上的支持；也希望蔣經國能與那些在莫斯科留學的國民黨領袖們的子女交往。把稚嫩（時年年方15）的兒子送到遠在千里、自己知之甚少的異國城市，且無人保護照料，對一個父親而言，這決定異乎尋常。

遠赴革命的中心

1925年10月下旬，蔣經國和其他90名中國學生一同於上海登上一艘蘇聯汽船，遠赴符拉迪沃斯托克（Vladivostok，中國稱「海參崴」），又從符市登上西伯利亞大鐵路的火車，開往更遠的莫斯科。火車終於抵達莫斯科火車站，新大學的校長卡爾·拉狄克（Karl Radek）親自迎迓，並陪同他們到大學校園安頓。中山大學的學生中，約八成來自中國共產黨，國民黨員僅屬少數。這裡的學生享受着較當時一般蘇聯民眾高的生活待遇（以早餐為例，雞蛋、麵包、牛油、牛奶、香腸、紅茶，一應俱全），大學還專門聘請了一位中國廚子做學生們愛吃的菜餚。

蔣經國精心挑選了一個俄羅斯名字——尼古拉·維拉迪米洛維

奇‧伊利扎洛夫（Nikolai Vladimirovich Elizarov）。這名字可不是胡亂起的：他曾在列寧（名字中首字是 Vladimir）的姊姊安娜（Anna Elizarova-Ulyanova）的寓所住過，二人的全名各取一字，拼湊成「Vladimirovich Elizarov」。「尼古拉同志」適應環境毫不費勁——很快就掌握了俄語俄文，全心投入學業和社交生活，甚至投稿學生期刊。1926 年 1 月，剛完成在巴黎的工作和學習、返國途中的鄧小平成為蔣經國的同班同學（20 人一班）。蔣鄧兩個年輕人沿着莫斯科河漫步，暢論政治；超過半個世紀之後，他們分別成為台海兩岸兩個政治實體的強人領袖——只是，當年一別，他倆不曾再會。

1926 年夏，蔣經國遇上他第一位女朋友、中國軍閥馮玉祥的女兒馮弗能（當年芳齡 15 歲）。經過新蘇聯當年時興的簡單程序（甚至不要求註冊），這雙少男少女算是結婚了。蔣經國在政治科目的成績優異，俄語學得扎實，甚至到了獲邀發表公開演說的水平——他向 3,000 名莫斯科市民講述父親策動北伐以圖統一中國的壯舉。1927 年夏，蔣經國自莫斯科「中山大學」修業完畢，申請返回中國，但蘇聯最高領導人史太林（Josef Stalin）不予批准。

論文題目：游擊戰

1927 年秋，蔣經國被安排前往列寧格勒（即蘇聯成立前、解體後的聖彼得堡），進入享負盛名、專門培訓紅軍幹部的頂級軍事

學院——「托馬契夫中央軍政學院」(Central Tolmatchev Military and Political Institute，又稱「列寧格勒軍事學院」) 進修，受業於著名紅軍將領圖哈切夫斯基元帥 (Marshal Mikhail Tukhachevsky)。1928 年 1 月，蔣經國加入了「蘇聯列寧共產主義青年團」(創立於 1918 年 10 月 29 日)，同年稍後成為「蘇聯共產黨」的候補黨員。5 月，蔣的新娘子馮弗能獲准 (偕同兄長) 返回中國。未幾，蔣馮二人離婚。1930 年 5 月，蔣經國憑以游擊戰為題的畢業論文，以全班第一的學業成績畢業。他的個人檔案形容他為學院中最優秀的學生。他再次申請返國，再次被拒。於是他回到莫斯科，卻因為身患糖尿病而住院；蔣經國喝伏特加酒喝得很兇，這加劇了糖尿的病情。

此刻，蔣經國終於明白自己不是一個到外國求學的普通青年，而是蘇聯政治外交那複雜的、「為求目的不擇手段」遊戲中的一枚棋子——史太林在中國有兩個盟友：一方是 (成立於 1912 年的) 國民黨政府，另一方則是敵對的共產黨 (成立於 1921 年)。對任何一方的支持，說變就變。作為中國總統的兒子，蔣經國已被牽扯到這個遊戲中去，或者可以說是史太林手上的一名人質。在史太林眼中，把蔣經國留在蘇聯，其價值比放他回國要高——人質在手，史太林隨時可以向蔣介石施壓，要蔣順應他的要求。蔣經國回家的另一個障礙，是中國共產黨和它在莫斯科的分支：中共也想利用蔣經國以達到它的目的。

自 1926 年 4 月起，莫斯科「中山大學」中國共產黨支部局書記是

王明。王明是在 1925 年與蔣經國搭乘同一列火車抵達莫斯科的，但他很快就掌握了俄語俄文和馬（克思）列（寧）的那套理論，並跟大學的副校長、一個具影響力的蘇共黨員過從甚密。1926 年，王明成為總部設於莫斯科的「共產國際」的中共代表。由於蔣經國的政見和他相左，且在同期中國留學生當中頗有影響，王明認為蔣非我族類，深以為患。對於是否讓蔣經國返鄉，史太林也要考慮王明和中共的意見。

令事情更複雜的，是蘇共黨內史太林與托洛茨基（Leon Trotsky）之間致命的分裂。托洛茨基是蘇聯紅軍的締造者（故有「紅軍之父」之稱）、俄國十月革命的軍事總指揮。二人的決裂始於 1923 年。「中山大學」大部份教師以及包括蔣經國在內的中國留學生都傾向支持托洛茨基。1927 年，蔣經國寫了一幅讚揚托洛茨基的大字報，把它貼在大學的牆上；又和一班同學一起跑去看望托洛茨基。年輕人萬萬沒想到，托洛茨基於當年 10 月被驅逐出蘇共中央委員會（1929 年 2 月被驅離蘇聯國境，最後，托洛茨基於 1940 年 8 月 20 日在墨西哥首都墨西哥城被一名蘇聯特務用冰鑿襲擊，翌日傷重不治——特務收到史太林的命令行事）。1928 年 1 月，礙於形勢，蔣經國撤回了他對托洛茨基的支持，這為日後蔣的政敵提供了彈藥，對他進行攻擊。

謁見史太林

蔣經國自「列寧格勒軍事學院」畢業，病體也康復過來，便奉派往莫斯科「迪納摩電機廠」（Dynamo Electrical Plant）當實習生。他被分配擔任機器操作員，每天幹八個小時的粗活，每月薪酬 45 盧布；到了晚上，就到「列寧國際學校」攻讀工程學。當時莫斯科食物嚴重短缺，以致有時沒吃上早飯就得開工。史太林突然於 1931 年秋召見蔣經國，與他討論不久前日本佔據中國東北三省的問題。史太林希望國民黨和中共組成統一陣線，對付日本，以阻遏後者進犯蘇聯遠東地區。

1932 年初，史太林突然決定安排蔣經國到位於莫斯科東南約 200 公里的柯格溫斯基（Korovinsky，今名雷雅扎 Ryaza）區的朱可瓦（Zhukova）集體農場。第一天晚上，蔣經國就睡在教堂的倉庫裡。集體農場的工人大部份是文盲，他們懷疑這個充滿書卷氣的城市男孩能不能幹農活。為了證明他們有眼不識泰山，蔣經國全情投入工作，累壞方休，終於贏得工人們的信任、檔案裡的好評——上級認為他具有領導才能。才不過幾個月，他就成為集體農場的主管。倒霉的是，時任中共駐蘇聯代表王明向莫斯科當局說盡壞話，力阻蔣經國的仕途。他說，應該把蔣調離首都，將他對中國留學生的影響力減到最低。

流放西伯利亞

就這樣，蔣經國於 1932 年 10 月被送到離莫斯科 1,800 公里的斯維爾德洛夫斯克（Sverdlovsk）。甫到埗，蔣就再次病倒，在醫院中休養了 25 天。這是他 3 年內第三次住院。他康復之後的 1933 年 1 月，又被遣送去蘇聯南部的阿爾泰（Altai）──接近哈薩克（當年仍屬蘇聯）、蒙古、中國新疆的交界處。蔣把在該處歷時 9 個月的生活稱作「流放西伯利亞」。在流放的歲月裡，在蔣經國周遭的都是教授、學生、貴族、工程師、富農和強盜，每一位都有各自的飛來橫禍令自己被放逐。(註 3) 這或許就是西伯利亞的一個「古拉格」（GULAG，Glavnoe Upravlenie Lagerei 的縮寫，即集中營）。根據 1991 年蘇聯解體後獲解封的檔案，1935 年時約有 80 萬人在這些集中營被勞役，另有 30 萬人被關押在勞改營。集中營（多設於像阿爾泰等偏遠地區）裡的，有罪行微不足道的罪犯、俄國內戰時的戰俘、因貪污被抓的官員、破壞分子、政敵、異見者，以及其他被認為會危害國家的人，被安排到諸如大型基建和工廠等工程項目的工地，或者參與開採自然資源、開闢安置被遷移人口的新區，幹體力活。

阿爾泰地區位處西伯利亞西部，覆蓋面積達 9.26 萬平方公里。自公元前 209 年算起，超過 2,000 年的時間裡，遊牧民族、中國或蒙古的統治者（以及由他們建立的國家）一直掌握着這片土地的控制權（歷史上，這些本土霸主中距離我們最近的，就是 1757 至 1864 年間滿族統治者建立的滿清皇朝。1864 至 1867 年間，俄羅

斯沙皇揮軍入侵阿爾泰地區，並鼓勵俄人到那裡定居（根據 2010 年的人口普查，俄羅斯人佔當地人口的 57%）。

對史太林來說，那是設立集中營的理想地區——他可以把所有他不喜歡的人放逐到那裡去，包括政敵、異見知識分子、地主、富農、貴族成員，以及在內戰中支持敵方白俄的人。那裡距離莫斯科 3,230 公里，偏遠、多山、鐵路不通，僅靠區內自給自足的農作物餬口。年輕的蔣經國到蘇聯之初，在權力和政治影響力中心所在的莫斯科一住 8 年，一下子要他遠離這個中心，小蔣很難想像那是個怎麼樣的地方、將會過着什麼樣的生活。由於工作表現異常出色，蔣經國終在 1933 年 10 月獲批返回斯維爾德洛夫斯克。

在斯維爾德洛夫斯克，烏拉爾地區黨委派遣蔣經國到「烏拉爾重機」擔任一個車間的副主管。那家工廠是斯維爾德洛夫斯克最重要的工廠，這顯示了共黨對他的重視。一開始，蔣經國的某些手下不滿有個外國人當他們的上司，但經過一段時間的相處，小蔣以他的笑容、隨和與好脾氣，贏得了下屬的心——包括年輕的芬娜。兩人初相識時對彼此印象良好：在蔣經國眼中，芬娜漂亮而高貴，擁有金色的頭髮和碧藍色的眼睛；芬娜則被蔣的熱情、活潑、外向所吸引。她後來說：「他總是笑着的。」作為「烏拉爾重機」唯一、斯維爾德洛夫斯克少數的外國人，蔣經國成為「烏拉爾重機」一名小紅人。芬娜有不少追求者，小蔣也不遑多讓。

在當年的政治氛圍下，蔣經國的成就是非凡的。史太林治下的蘇

聯政府是個排外的政府，對外國人總抱着懷疑的眼光。他深知世界強國對共產主義革命的勝利恨之入骨，深怕它會像傳染病般，散播到自己的國家。俄國內戰期間，總共有 11 個國家派兵支援白俄武裝與紅軍作戰——包括日本（派出 7 萬名日軍）和中華民國（派出 2,300 人）。1931 年日軍佔領東三省後，對蘇俄遠東地區虎視眈眈，意圖奪取那裡蘊藏豐富的天然資源，日本極需這些資源進行工業化。因此，黃種人如蔣經國很容易被懷疑替日本效勞。1936 年，蘇聯把大量移民華工遣返中國，就是懷疑他們的忠誠。1937 年，仍留在蘇聯遠東地區的中國人（以及朝鮮族人）都被遣送到遠離毗鄰中國（或者朝鮮）的邊境，以防這些「非我族類」的社群被日本間諜滲透。

蔣經國成功消除了蘇俄對他的疑慮。在蘇聯學習、工作 8 個年頭，他說着一口流利的俄語。藉由他的專業技能、隨和笑容、幽默談吐，以及對伏特加與跳舞的熱愛，讓他跟同事們打成一片。蔣經國於 1933 年來到「烏拉爾重機」，不久後就贏得上級和同事們的信任和感情，他的膚色和國籍並未構成任何障礙。他一開始是擔任廠裡投訴部門的負責人，接着一路晉升為廠裡最大車間「一號車間」的助理主管。最後，他成為廠報《重型機械》的編輯。

蔣經國很輕易地便與其他工人們混在一起，與他們同吃同喝、跳舞談笑。他喜歡芬娜多於其他女同事，但由於他是芬娜的上司，不太知道怎麼向她展開追求。於是，他找來車間的政委費奧多·阿尼科耶夫（Fyodor Anikeev）幫忙牽線，介紹二人認識。費奧多

是「烏拉爾重機」共青團的主席，這讓他得以邀請小蔣和芬娜到他辦公室，那是一個比車間或食堂更私密的場所。

配給與短缺

對蔣經國、芬娜和其他斯維爾德洛夫斯克的市民而言，生活是艱苦的（也許比其他生活在新蘇聯的人要好一些）。根據政府的規劃，斯維爾德洛夫斯克是重要的工業中心城市，數以千計的民眾遷居到此，進入新蓋的工廠和研究院工作。可是，安頓他們的住宅樓房卻追不上廠房的建設速度，不少人被迫住在木屋、寮舍、地庫和臨時搭建的居所，只有少數人能住進舒適的住宅單位。糧食和其他生活必需品奇缺。能在像「烏拉爾重機」這樣的大型企業供職，絕對是幸運的——他們憑着分配而得的各種卡、券，至少可以買到起碼份量的糧食和工業製品。除此之外，醫生和醫院也趕不上需求。

社會上已開始形成兩個階級（這也是所有共產國家的共同特徵）：由黨和國家高級官員組成的特權階級，以及由工人、農民和其他普通人組成的下層階級。前者收到的薪金比普通工人高好幾倍，他們能住上寬敞的寓所、使用充裕的物資，享受與普通人無緣的醫療護理設施；後者很快就學會了不相信官方在廣播、電視、報紙上的宣稱和承諾。蘇俄人民對謊言、短缺、不公的反應是：開始創作帶黑色幽默的笑話，這成為共黨治下蘇俄（後來傳到共產

東歐）一個特點。以下是一例：

在西伯利亞集中營的一間木屋裡，坐着 3 個人。氣溫是攝氏零下 40 度。他們初來乍到，非常緊張。由於天氣實在是太冷了，他們覺得有需要靠着彼此取暖。其中一人問另外一位：「你為什麼被送到這裡？」

被問的人回答：「因為我支持貝利亞（蘇聯秘密警察「內務人民委員會（NKVD）」頭目）。你呢？」

先問的人回答：「因為我反對貝利亞。」接着，二人同時轉向第三個人：「那你呢？」

那人回答：「因為我就是貝利亞。」

情花綻放

芬娜和蔣經國性格相似：外向、熱情、活潑。二人都愛騎單車、游泳、滑冰，反正是戶外活動；也愛社交生活——包括喝酒、抽菸。他們和同事朋友一起郊遊、野餐。芬娜很熱衷於參與共青團裡的活動。

在斯維爾德洛夫斯克，他們倆都是外來者：他來自千里以外的異

芬娜和蔣經國在斯維爾德洛夫斯克附近的一條河裡游泳。(1930 年代中期)

國家庭，她則是一個孤兒，姐姐安娜是她唯一的親人。他們的么子蔣孝勇（蔣經國有 3 個兒子）說：「小時候他們還常常笑稱，原來母親看上父親是因為他是一位勇氣可嘉的大英雄。」(註 4) 芬娜知道蔣來自中國一個重要的家族，只是不知道這個重要家族竟是「第一家庭」；她也沒有想到自己將會永遠離開祖國，在中國度過餘生。王美玉在《蔣方良傳——淒美榮耀異鄉路》中根據蔣經國回憶錄中的描述，形容芬娜是蔣在「烏拉爾重機」歲月中「唯一的朋友……，芬娜是個孤女，他們認識的時候，她剛從工人技術學校畢業，是他在工廠的部屬。他形容蔣方良是最了解他處境的人，『我（蔣經國）每次遭到困難，她總是會表示同情並加以援手』。」

1935 年 3 月，經過簡單的註冊手續，芬娜和蔣經國結成夫婦。那年她 18 歲，他 24 歲 。見證婚禮的包括芬娜的姐姐和姐夫、「烏拉爾重機」共青團主席費奧多夫婦，以及廠裡的另一位同事。那時，蔣經國的每月薪金是 700 盧布（按當時的標準是很大一筆錢）。新婚夫婦度蜜月的地方是黑海——是給予最受重視的幹部和工人的專屬禮遇。他們去了索契市（Sochi，2014 年冬季奧林匹克運動會舉辦城市；俄羅斯現總統普京在那裡有一座耗資 10 億盧布建造的巨型行宮）。蔣經國在 1975 年的一則日記裡描述：「蜜月過後，回到斯維爾德洛夫斯克，供新婚夫婦開展新生活的，只是一套小房，僅放得下一張床、一張桌子；臭蟲弄得他們很難受，沒有一晚能睡好。一個月能弄到一塊肥皂就很不錯；一個星期難得弄到一小塊牛肉。我和妻子得靠着自己的意志，熬過這些

艱苦日子。我們應該要終此一生好好記住。」(在往後的日子裡，夫婦倆都喜歡向兒女訴說昔日在斯維爾德洛夫斯克生活的往事，讓子女知道他們的生活相比之下是多麼優越。)新婚夫婦在自己的小單位招待朋友、同事。蔣經國享受高加索風格、活力十足的俄國歌舞；他也酷愛喝酒猜拳(而且十分擅長)。曾到訪他們家的貴賓包括「烏拉爾重機」廠長和地區黨委書記。那年 12 月，時年 19 歲的芬娜誕下長子蔣孝文(取英文名字 Alan)，蔣經國十分高興。由於孝文早產，身子羸弱，需要倍加照料，在孝文出生後的頭 3 個月，夫妻倆每天晚上都得輪流起床餵哺，也因此，這對年輕的父母與這個兒子格外親近，感情有別於其他子女。在這座冬天極度寒冷且政治前景不明的城市裡，這個家成了溫暖親密的天堂。

蔣經國的回憶錄讓我們有機會一窺他 1934 年在斯維爾德洛夫斯克的生活：「工作完了之後，我和四個朋友，同到運動場去看足球比賽。近來我對足球很有興趣。看完足球比賽之後，又到文化公園，與工人群眾共同做遊戲。」1935 年最後一天，廠裡組織了全廠新年晚飯，有 1,000 多人到席。「桌上豐裕的酒食，使人人回想到三、四年前飢餓的狀況，所以今日特別高興。共產黨區黨部的書記，左手拿着一隻錶，立在高臺上向賓客說：『現在 12 點鐘了！1935 年過去，1936 年已經到了，請大家提起酒杯來，祝賀大家幸福的前途，飲盡此杯！』在高興快樂的空氣中，每人都將這杯酒一飲而盡，這是大家心滿意足的表示。在舞臺上不斷的唱歌、跳舞，在會場中亦高聲唱。革命之後，蘇聯本來是不提倡過新年的。過去幾年中，根本就沒有注意到新年，每年 1 月 1 日都是看

得非常平常。這是生活困苦的一種表現。買不到魚肉麵包，有什麼過新年可談，這是過去蘇聯人民的一般論調。今年蘇聯政府則盡力提倡人民舉行快樂的新年節。」蔣經國在午夜 12 點半才回到家，和廠裡頭 8 位最要好的朋友共晉另一頓晚飯。「兩星期前我生了一個兒子，因為工作很忙，所以決定於今天舉行一個小宴會。」他們賓主盡歡，直到天亮。客人走後，蔣無法入睡，索性翻閱舊信件。那些信是當年在莫斯科附近的集體農場一起勞動的老同事，還有「莫斯科中山大學」的一位老同學寫給他的祝福信。(註 5)

對一個外國人（尤其是亞洲人）來說，蔣經國在「烏拉爾重機」的晉升速度令人矚目。廠報編輯的位置通常只會留給共產黨信得過的人，這件事側面反映了蔣對新生活的適應能力，並贏得了上級和同事的信任和感情。他獲准開班講授國際事務，他屢獲晉升、他俄語流利、他選擇俄人為妻、他在本職工作和黨務方面的積極投入，凡此種種都予人他不作回國之想的印象。1936 年，他成為共產黨預備黨員，這是成為正式黨員的最後一步。蔣經國在這段時期的回憶錄，讀起來就像一個全心投入其雄圖壯志的革命事業的人，非常正面。芬娜肯定也是這樣認為。她嫁了給一個生氣勃勃又有魅力、在俄 10 年間成就不凡且收入豐厚的漢子。看着自己丈夫的能耐、他的風采、他的社會關係，芬娜可以預期，未來能過比自己從童年以來所熬過來的要強得多的舒適家庭生活。當然，芬娜也預期這種理想生活是在自己國家過的——語言、吃喝、朋友、生活方式等等，都是自己所熟悉的。

大清洗

在史太林治下，和所有其他人一樣，蔣經國一言一行皆不自由。他既是史太林的人質，也是中共駐莫斯科代表的人質，受到蘇聯秘密警察的長期監視。「烏拉爾重機」博物館歷史學家謝爾蓋‧阿格耶夫（Sergey Ageyev）在一次訪問中說，芬娜曾稱自己和丈夫無論是上班或者外出，每天都被全天候跟蹤。（註6）

內地學者陳守雲在《洞悉蔣經國》一書中，引述瑪莉亞（Maria Anikeyeva）於 1996 年的訪問，她是芬娜在「烏拉爾重機」時期的一位同事兼朋友。瑪莉亞說芬娜在 1935、1936 那兩年間曾對她說，蘇聯國家安全機關（即 KGB）人員經常去找她。他們警告她「一定要小心。若是單獨與兒子在家時，千萬不要應陌生人敲門就迎進家。因為蔣介石可能隨時會偷偷派人來把他們強行押回中國」。（註7）

1936 年夏，隨着首批「大清洗」公開審訊在莫斯科進行，政治氣氛惡化。所謂「大清洗」，是指最高權力核心對那些被視為「國家的敵人」或「人民的敵人」的黨、政、軍官員以及被劃為富農的民眾進行毀滅性清洗的運動。據估計，約有 380 萬人因「反革命罪行」被秘密警察抓走，其中約 78 萬人被處死，包括許多蔣經國在斯維爾德洛夫斯克時認識（甚至曾邀請到家中作客）的黨員，以及不少工程師和技術專家（他們都被貼上「資產階級專家」的標籤）。「大清洗」最可怕的是隨意抓人且審判草率，被逮捕的人往

往根本不知道自己犯了什麼罪。所謂的「審判」只是走個過場，其實是未審先判——你休想抗辯、上訴無門。毛澤東是史太林的忠實崇拜者，中共在 1949 年奪得全國江山後，便採用類近史太林的手法攻擊（真正的和假想的）政敵。

作為一個亞洲人，又是斯維爾德洛夫斯克為數不多的外國人之一，在這樣一場政治運動中，蔣經國顯然是個攻擊目標，而事實的確如此。1936 年 9 月，蘇共烏拉爾委員會突然通知蔣經國：他在「烏拉爾重機」的職務已被褫奪，蘇共預備黨員的身份也被撤銷。在黨的一個會議上，有人指控他是「日本間諜」和「托（托洛茨基）派分子」——這些都是最嚴重的政治指控。蔣經國從未看過支持這些指控的證據，也沒有機會為自己辯白。既沒有法院可以上訴，也沒有人會伸出援手。

這場飛來橫禍，讓蔣經國 11 年來的苦幹，以及對蘇維埃制度的全心奉獻，一下子付諸東流。他再也不能到工廠上班，也不能進入食堂和社交俱樂部。芬娜上班時，他待在公寓裡，整天看書、照顧兒子蔣孝文。為避免被人說「受壞分子影響」，朋友們都不敢去拜訪。這個愛說話、喜社交的人突然發現自己不只是無人作伴，還變成了人們避之唯恐不及的棄兒。他不能正常入睡，秘密警察可以隨時破門而入，把他帶走。他不知道哪一天是他的最後一天。「大清洗」期間，對蔣經國的指控，足以令他被捕入獄，甚至被處死。那是他終此一生不能忘卻的經歷。

蔣經國被工作單位辭退之後的幾個禮拜，是他留蘇期間最艱難的日子。一下子，一家人的生活就全靠芬娜那微薄的薪金支撐。幸好，芬娜能奮起面對困局，硬是挑起了一家的擔子。困苦與節儉（以及咬緊牙關面對，無怨無悔）都是她早就經歷過了的。芬娜和襁褓之中的孝文，支撐着他度過這場可怕的磨難。

得救了

1936 年 12 月，發生在 4,400 公里以外的「西安事變」讓蔣經國逃過了可能的逮捕和處決。當年 12 月 12 日，蔣介石的部下張學良、楊虎城率領部隊在陝西西安蔣介石停駐的溫泉勝地「華清池」，對蔣介石發動兵諫——只要蔣答應停止剿共，並與中共組成抗日統一戰線、積極抗日，兩位將軍將保證蔣介石安全返回南京。隨後幾天，暗流湧動、溝通頻繁，什麼事情都可能發生。國民政府是否會採取軍事行動，救出總統？總統會否被張、楊取去性命？

在莫斯科，史太林立刻對這件事作出回應——他太需要這個統一戰線了。對史太林而言，出現一個親日的南京國民黨政府是最壞的狀況，這個政府極有可能容許日軍在中國的戰略要地，做好進侵蘇聯遠東地區的準備。史太林向身在延安的中共領袖們發去了長長的電報，指出蔣介石是唯一可以領導抗日統一戰線的人。中共領導層接受了這個建議，並提出將中共武裝交由國民黨指揮；中共還答應，作為國共合作的條件之一，放蔣介石回南京。在強

大的壓力下，張、楊二人釋放了蔣介石，國共雙方就成立統一陣線達成了協議。

12 月 14 日，身在斯維爾德洛夫斯克的蔣經國才得知發生在西安的事件，他馬上意識到這是他期盼已久的好機會，並寫了一封信給史太林，表達回國為抗日統一戰線效力的願望。一個星期後，蔣經國收到召令，着他前往莫斯科。莫斯科高層告訴小蔣，他們看好國民政府，着他先回斯維爾德洛夫斯克，等候指令。再過數周，蔣經國接到正式通知：他和他的家人可以回國。蔣雀躍萬分，並告訴芬娜。芬娜得知後的反應是憂喜參半：日以繼夜的監視、被清洗的威脅終於結束了，但這不是她預期的結果。如此一來，她就得告別養育她的胞姊，以及在斯維爾德洛夫斯克的朋友和同事，去一個沒人認識她的國家。她完全不懂中國話（夫妻倆從來只用俄語溝通），也無法想像到了中國，等待她的是什麼樣的生活，遑論它的複雜文化或傳統；再者，中國正與亞洲最強大的軍事強國開戰，她的內心充滿焦慮。

回家

翌年（1937 年）2 月，蔣經國再度奉召赴莫斯科，這次帶著全家人和家當一同上路。這個小家庭的許多朋友、同事都到斯維爾德洛夫斯克的火車站送別。天寒地凍中，人們在站台上舉行茶會，大夥跳舞、喝酒；芬娜和姊姊、朋友相擁而泣，交換祝福，

蔣經國、芬娜與長子孝文一家三口，攝於 1930 年代末。

互道珍重。告別茶會的氣氛，證明了蔣經國這個中國青年成功地融入了蘇聯社會。芬娜在 1992 年曾收到一封由前同事兼好友瑪莉亞寄來的信，信中緬懷那天送別時的濃情厚意：「我們一起經過的日子，現在在我的記憶裡，還有兩件事情非常深刻。第一是我們一起過新年，忘了是 1935 還是 1936 年，尼古拉（即蔣經國）從莫斯科帶來了好酒，我們四個人一起品嚐。那天，萊力克（即蔣孝文）哭得厲害。我記得，你抱着他，坐在黑色的沙發上搖着、哄着。第二件事是你們離開的時候，我們在夕維亞羅夫斯克（Sverdlovsk）火車站送行，那是我們最後一次見面。我們七、八個人來送別，你用毯子裹着萊力克，大家都有點感傷，女的都哭了，男的圍着尼古拉話別。我想，愛情是多麼偉大的力量，為了愛情，可以離開自己的祖國。」(註 8)

這封信可以看出芬娜的友人與同事對她一家三口的突然離別頗感錯愕——他們以為芬娜一家會長居斯維爾德洛夫斯克，彼此可以時常相伴。如今，他們要去的地方竟如此遙遠，沒有人知道什麼時候才能再見。在史太林治下的蘇聯，沒人能預料一個星期之後會發生什麼事，遑論幾年後的未來。

在莫斯科，蔣經國頗受他的紅軍朋友們歡迎。在飽啖美食、痛飲伏特加的餐聚上，老友們答應小蔣：蘇聯將盡其所能，幫助中國擊敗日本。史太林也邀請蔣經國見面，強調國民黨與共產黨組成抗日統一戰線的重要性。3 月初，中國駐蘇大使蔣廷黻邀請小蔣夫婦到大使館共晉晚餐。大使在回憶錄中形容芬娜是個「漂亮的

金髮女郎，可又十分害羞」。這也難怪，芬娜對於丈夫帶她進入的這個政治與外交圈子一無所知，也毫無經驗。那天，大使館慷慨地為蔣經國準備了一套西服，也為小蔣夫人準備了一套優雅的長外套與連衣裙。

最終，蔣經國一家三口從莫斯科出發，坐上西伯利亞大鐵路的火車橫跨廣袤的蘇聯領土，抵達海參崴。那裡留給他們的印象，是嚴寒，且讓人望而生畏。夫妻倆登上開往上海的蘇聯貨輪，和他們相伴的，只有稚子孝文和裝着全家家當的行李箱，他們此後再也不曾踏足蘇聯（或俄羅斯）。

註

1　周玉蔻：《蔣方良與蔣經國》，頁 57。

2　同註 1，頁 59。

3　蔣經國：《我在蘇聯的生活》，1947 年上海前鋒出版社版。

4　王美玉：《蔣方良傳：淒美榮耀異鄉路》，頁 2。

5　蔣經國：《我在蘇聯的生活》，頁 63、64。

6　James Baron 的文章，《外交家》(Diplomat，2018 年 9 月 28 日)。

7　陳守雲：《洞悉蔣經國》，頁 18。

8　同註 4，頁 121、122。

嫁入第一家庭
對抗日本帝國

第二章

1937 年 4 月 19 日，從海參崴出發的蘇聯貨輪抵達上海，慢慢溯黃浦江而上。在甲板上，芬娜抱着兩歲的蔣孝文，站在丈夫身邊。這裡是中國的工商業之都，黃浦江兩岸盡是工廠和船塢，日本帝國海軍的幾艘戰艦在外灘停泊。芬娜從未見過這些事物。來自蔣介石私人辦公室的一名工作人員、杭州市市長以及一班保鏢在碼頭接到小蔣一家，便驅車前往上海火車站，坐上開赴杭州的列車。蔣介石沒讓他們前往首都南京，而是等他們在杭州住了幾天，才過去探望，會面地點安排在總統行邸。蔣經國跪在父親跟前，磕了三個頭。父子倆見了面之後，一起下樓，小蔣正式向父親引見蔣家的兒媳婦和孫子。這是芬娜第一次見到蔣介石和宋美齡。

對年方 21 歲的芬娜來說，起初的幾個星期是巨大的挑戰。她發現自己不只是來到一個陌生的國度，還嫁進了這個國家最有權勢的家庭。兩位「蔣夫人」天差地別，宋美齡是世間上最精明的中國女子：在美國頂尖大學馬薩諸塞州波士頓市威爾斯利書院（Wellesley College）接受菁英教育，說得一口流利英語，可以自如無礙地與中西菁英交往，且家境富裕、自信、穿着高雅。芬娜則優雅、苗條、面容娟好，但只在斯維爾德洛夫斯克讀過技能學校，到中國之前的生活經驗，只有工作和婚姻。她只會說俄

語，衣服很少，只有中國駐蘇大使蔣廷黻饋贈的那套華服上得了場面。

芬娜的的重重心事中，包括蔣家會否接納自己作為家中的長媳。宋美齡心細如髮，察覺到芬娜的憂慮，盡其所能讓芬娜放輕鬆。臨別時，宋美齡塞給蔣經國一包錢，讓他為家人置辦新裝。王美玉在《蔣方良傳：淒美榮耀異鄉路》中，如此描述這次會面：「蔣介石很高興這個蘇聯來的洋媳婦已經為他生了一個孫子⋯⋯看着擁有一對大眼睛和一頭卷髮的小愛孫，蔣介石很高興⋯⋯蔣方良在拜見蔣介石時，已經感受到公公不一樣的身份和地位。」(註1)

人們預期，在父子分隔12年之後，蔣介石會歡迎兒子回到南京同住，但事實並非如此。蔣介石把兒子一家安頓在浙江溪口祖宅，與毛福梅夫人同住，她是蔣介石的髮妻，也是蔣經國的生母。蔣介石認為，兒子和兒媳都需要一段時間去適應環境，才好應付中國那既危險又叫人喘不過氣的公眾社會。這時，日軍已侵佔中國東三省和華北的大片疆土，並向北京步步進逼，威脅要攻城。若日軍真的行動，列強會援助中國嗎？前景看來相當黯淡，充滿不祥之兆。

蔣經國與生母的感情很親密，是她一手將小蔣帶大；成長過程中，小蔣與父親很少見面。母子重聚時，他們相擁痛哭，場面很感人。這對年輕夫婦回到老家的第一門功課，就是學中文。留蘇12年，蔣經國用俄語的時候遠比中文多，漢字也都忘得差不多

（左起）蔣經國、毛福梅、芬娜攝於浙江溪口。毛夫人手裡抱着小蔣夫婦的長子蔣孝文。

了；芬娜則是從零開始學習。她身邊的每個人（包括她夫婿），講話都帶有濃重的寧波口音，她學到的中文也是這種寧波話。蔣經國給她取了一個中文名字「蔣方良」，這也是她終其一生在華人世界廣為人知的名字。（譯註：下文一律以「蔣方良」或「方良」指稱芬娜）

蔣方良必須徹底地調適自己，以融入新生活。在家中，她不再是女主人，必須跟從婆婆的規矩，學習做一個中國媳婦。她也必須摸索在這個家中的自處之道，包括了解她公公與兩位妻室的關係。另一個挑戰是學習如何在傳統的中國儀式和習俗中應對進退，比方清明節祭祖掃墓。總之，該學的好像總學不完。

蔣介石要兒子把留蘇那些年的經歷整理成一份報告，他要知道兒子學了些什麼、受共產主義的影響有多深。由於蔣經國無法書寫中文，只好先用俄文寫，再由一位學者翻譯成中文。這份回憶錄就是本書第一章提到的《我在蘇聯的生活》。

起初，蔣方良和婆婆只能用比手畫腳的方式溝通，幸好，兩婆媳相處得很融洽。或許是因為她們有個共通點：都是傳統的妻子和母親，默默接受自己人生的轉折、接受丈夫的一切決定。方良有了一個新的身份：國民政府軍事委員會委員長兼代理國民政府主席的兒媳。隨着這個身份而來的，是幾個供她使喚的家傭，但她堅持自己動手做家務、備飯餐，和在斯維爾德洛夫斯克的時候一樣。她還學着煮寧波菜。為了買菜和日常用品，她會騎着自行車

穿梭溪口的大街小巷；她也幫着婆婆做家務，比如把洗好的衣服掛到屋外的繩子上晾。

鄰居們從未見過金髮的歐洲姑娘，驚異地關注着她的一舉一動。方良也帶來一些讓當地女性難以接受的奇怪習慣：她騎馬，到附近的溪裡穿着泳衣游泳。當鄰居跑到毛福梅面前「告狀」，説方良此舉有傷風化時，毛老夫人竟為兒媳婦開脱，説明西方女性都會這麼做。即使身懷六甲，方良依舊維持着游泳的習慣。旁人被這個景象嚇倒，説：「當心，你肚子裡已經懷了小經國！」方良指看自己的肚子回應：「不，那是小方良！」方良的婆婆很滿意這個兒媳，她為夫婦倆籌辦了一場傳統的中式婚禮，並為此替方良準備了一套中式長禮服，彌補在斯維爾德洛夫斯克倉促成婚之憾。

蔣方良的丈夫正忙於撰寫他的留蘇回憶錄，並學習寫中文，此外，還要奉父親之命閱讀中國經典著作。毛夫人是一位虔誠的佛教徒，閒暇時，小倆口就跟着毛夫人一起到她最愛的寺廟。小夫妻也經常造訪鎮上的其他地方，包括探視少帥張學良。「西安事變」後，張學良就被軟禁在溪口鎮的雪竇山，這裡有一幢為他興建的西式別墅。小蔣與張學良自此成了終生的朋友。

蔣方良隨夫婿寓居溪口 8 個月，直至 1937 年底。對中國軍事情勢來説，這 8 個月是災難性的：7 月 7 日，日本對華發動全面侵略，迅即佔據了北京城；8 月 13 日，日本向上海挺進，開始了歷時 3

個月、極具破壞力的攻防戰（史稱「淞滬會戰」、「八一三戰役」，
也有人稱期間的上海戰場為「揚子江上的斯大林格勒」），上海淪
陷。經此一役，中國方面有 25 萬人死傷，日軍則為 4 萬人，是二
戰中規模最大的戰事之一。當時，上海租界並未受到炮火波及，
住在租界內的外國人震懾於日軍海空炮火的威力，並對中國士兵
的英勇抗敵感動不已，但租界的宗主國並未如蔣介石所期望的，
對此伸出援手。

8 月 21 日，中國和蘇聯簽署互不侵犯條約。接下來的 8 年，蘇
聯向中國提供了 1,000 架飛機、2,000 名機師和 500 名軍事顧問，
合起來相當於 2.5 億美元的援助。直至 1941 年 12 月 7 日日本偷
襲美國珍珠港，西方國家對日本侵華一直袖手旁觀。蘇聯的紅
軍將領們兌現了與蔣經國在莫斯科餞別宴上的允諾。小蔣留蘇的
12 年、與史太林的歷次會面、他的流利俄語、他留蘇期間所表
現的親蘇行為，凡此種種，對於換來這可貴的及時雨，算是起了
些許作用。

拿下上海後，日軍勢如破竹，隨即先取杭州、再破南京。南京是
當時中華民國的首府，日軍在該城極盡姦淫擄掠、任意屠殺之能
事，釀成「南京大屠殺」的驚天慘案。蔣介石政府無力抵抗，避
走重慶。重慶位處長江上游、深入中國大陸的內陸地區，在那
裡，日軍地面部隊鞭長莫及。

最好的時代、最壞的時代

把蔣經國安頓在溪口 8 個月之後，蔣介石認為讓兒子重新漢化的「療程」已經完成得差不多，是進入公眾領域的時候了。當時的中國處於危急存亡之秋，正在與世上最強的武裝力量之一作戰。然而，除了蘇聯，沒有其他國家願意伸出援手。蔣介石替兒子安排公職時，不得不挑一個還未被日軍佔領的地方。他選擇了南昌，中國東南方江西省的省會。南昌是江西的行政與商業中樞，除了食品加工業，幾乎沒有工業經濟。數以萬計逃離日軍的民眾流落於此，使得南昌又擠又亂。方良追隨丈夫，帶着孝文和剛於（1937 年）2 月出生的女兒孝章，移居此地。他們一家在一套面積不大卻頗為舒適的房子安頓下來。蔣經國被委任為「江西省保安處副處長」，該機關設於南昌市區。

此時，日軍的侵略勢如破竹，迅速向中華大地各處推進。1938年 10 月，日軍佔領武漢、廣州；1939 年 3 月，抵達南昌市郊，大部份居民都已聞風先遁。3 月 27 日，蔣經國一家坐上一輛軍車，向南直奔贛州，那是江西省南部的一座偏僻小城。新家是一幢洋樓，坐落於小山崗上，俯瞰着贛州市區。經父親的安排，小蔣掛上了「贛南第四行政區專員」的頭銜（是行政區專員公署的首長）。「贛南」即江西省南部；第四行政區轄 11 個縣，人口約 200萬。那是個貧窮的區域，只有原始農業、礦業和寥寥幾家工廠，對日本而言毫無戰略價值。第四行政區的街頭，滿是逃避戰禍的難民和他們的孩子。

方良在家中與兩個孩子合影。(「國史館」提供)

蔣經國一家在贛州一住就是 5 年，是他們在內地逗留時間最長的
地方。蔣經國和蔣方良的第三個兒子（第四個孩子）蔣孝勇曾說
過，自母親嫁入蔣家以來，贛南時期是她過得最豐富多采的日
子：「因為這個時期的蔣經國，年輕、有活力，在政治上開始發
跡，傾全力投入自己的工作。因為在職務上並非掌握大權，所以
十分鼓勵蔣方良投入他的工作，一起開創贛南的生活。蔣方良就
在蔣經國的鼓勵下，不僅在家裡幫忙招呼來訪的客人，在公務上
也經常『夫唱婦隨』，跟隨着蔣經國走遍贛南的每一個角落，就像
在蘇聯一樣，是一個十分活躍、積極的少婦」。(註2)「十分活躍、
積極的少婦」，既指在家也指在外——在家，她幫忙招待訪客、
打點餐食；在外，她協助丈夫籌款抗日。夫婦倆走遍大街小巷，
這位地方首長和他的金髮夫人引起了路人的注目，並呼籲大家慷
慨解囊。她拜訪當地富商，以帶着濃重地方口音的國語向他們募
捐；遇到的普通百姓，則述說抗日戰爭帶來的痛苦與磨難。

也許是受到留蘇時期周遭革命狂熱的潛移默化，蔣經國希望能親
近他治下的人民群眾，而不願當個高高在上的官員——那是千百
年來中國官場的習慣。於是，他邀請年輕人到他家作客，方良在
款待客人這方面大有貢獻。來客問了許多問題，包括他們倆在蘇
聯的生活，以及他們如何相識相戀、共諧連理。在贛州這個偏遠
地區，洋人很罕有，洋人女性更是難得一見，自然成為街坊的趣
談熱議。蔣經國認為，把太太拉進自己的社交圈，是讓她融入當
地社會、增進中文能力的好方法。他在轄區內提倡開辦托兒所，
以減輕婦女身兼母親、主婦和職場工人的重擔。每當有新的托兒

所啓用，方良就會帶備禮物和糖果，到訪致賀。蔣經國開辦的托兒所中，有一所設於贛州，他委任太太擔任負責人。方良學會了在中國最受歡迎的家庭娛樂——麻將，這種中國「國粹」伴隨她許多時光。當時，贛州的闊太太喜歡在她們豪宅的隱密角落中一擲千金地賭麻將，不巧，第四行政區的蔣專員正在贛州推行反賭博運動。專員不可能嚴人寬己，於是禁止方良在贛州玩麻將；在贛州以外地區，例如回溪口或到重慶省親時，家庭聚會打麻將耍樂，則不在此限。

作為一位克盡己職的兒媳，她會分別到溪口和重慶看望兩位婆婆。1939 年 12 月 12 日，兩架日本軍機飛到溪口上空發動空襲，其中一枚炸彈瞄準了蔣家的宅第，蔣經國的母親毛福梅當場罹難。那場惡毒的暴行奪去了一位無辜母親的生命。

方良在贛州的那段時光，是她唯一一段積極參與丈夫公務的日子。後來的歲月，無論在中國大陸還是中國臺灣（下簡稱臺灣），她都不再扮演這樣的角色。蔣經國在他的第一份公職生涯中，需要太太的積極支持和配合。這對年輕夫婦充滿活力，共同創造新生活。方良要跟很多人打交道，包括贛南本地和重慶要人的夫人們，也包括普通的江西老百姓。她性格外向，使她能快速適應與蘇聯家庭截然不同的環境。但到了臺灣後，蔣經國在公領域與私領域之間築了一堵高牆，並要求方良迴避他的工作，也不可以過問。作為一個忠誠的妻子，她遵從這個角色。

方良分派食物給士兵。(「國史館」提供)

雖然日軍就在不遠處，但贛南既偏僻又窮困，日軍沒有來犯。因此，儘管中華大地烽火連天，哀鴻遍地，贛州還是相對安寧，蔣家得以如常生活。方良陪着夫婿定期飛往重慶，看望公公婆婆。在重慶這個臨時首都，她見證了太平洋戰爭令人驚心動魄的規模。她清楚知道自己的丈夫是總統的兒子，因而不應奢望丈夫會永遠待在贛州當個地方小官。

黑暗時刻

對方良來說，贛州的這段日子，也包含了她與夫婿 50 多年婚姻中最酸楚的記憶。1940 年，蔣經國在轄區內設立了「三民主義青年團江西支團部幹部訓練班」，培養出來的人馬，日後將忠誠執行他交辦的各項任務。招入幹訓班的，都是年輕、愛國的青年，個個摩拳擦掌，渴望以自身力量拯救國家之危。當中有個名叫章亞若的女子，出身自南昌的書香門第。她 17 歲便嫁作人婦，先後誕下兩個孩子；後來丈夫因故自殺。與蔣經國相遇時，章亞若才20 多歲，漂亮而能幹的她非常欽慕小蔣。她寫抗戰文章向通訊社投稿；她也唱京劇，蔣經國會去捧場，演出結束，他會到後台探班、致賀；甚至投稿當地報章，讚揚章亞若的工作及熱誠。二人互相吸引着對方。小蔣力邀章亞若當自己的私人秘書。章亞若有時會陪小蔣到外地出差，有時也到訪蔣家，偶爾還替方良的兩個孩子補習——方良知道她的存在。

朝夕相對，蔣章二人情愫漸生。1942 年時，章亞若珠胎暗結，為避人耳目，章亞若遠走桂林，那裡距離贛州 790 公里，而且章的弟弟在桂林當法官。蔣經國沒有同行，只滙錢去桂林供章支用。到了新春，蔣去桂林看望章，那裡的傭僕稱章亞若為「夫人」。1942 年 5 月 21 日，章誕下雙胞胎，都是男的。喜獲麟兒的蔣經國專程去看望章，高興得將兩個孩子一手一個地抱在懷裡。接着，小蔣飛往重慶向老蔣報喜。再回桂林時，小蔣告訴章，爺爺已經給兩個孫子取了名字──孝嚴和孝慈。「孝」，是蔣氏「經」字輩下一代所用的派字，和蔣經國的其他兒女一樣字輩。但蔣介石認為這兩個孩子要從母姓，意思就是：老蔣不認這兩個孫子。這樣一來，章亞若就不知道自己和孩子在蔣家算是個什麼身份、到底有沒有位置？

章亞若是受過教育的現代女性，不甘做一個默守家園的主婦。桂林有許多外國人（特別是美國人），不少外國組織、機構因原來開展活動的城市已陷入日軍手中，紛紛西遷，好些在桂林落腳。章亞若開始學英文。有些人認為她打算去外國謀生，養育她兩個孩子，但 5 個月之後（1942 年 11 月），她得了嚴重的腸胃炎，她的朋友送她去醫院，並在那裡過了一夜。隔天，醫生為了減輕章的疼痛，給她打了一針，沒幾分鐘，章亞若就斷氣了，終年 29 歲。翌日，章的遺體葬於桂林白面山鳳凰嶺。友人把一雙孿生孤兒送到他們姥姥處撫養。自此，有關章亞若因何而死、怎麼死的種種臆測甚囂塵上，其中一個說法認為：有人要她死（或許是下毒），以免小蔣偷享齊人之福的醜聞會令蔣家蒙羞。可是，沒有一個版

本得到歷史學家的支持或信納。小蔣得悉噩耗後悲慟欲絕，甚至要戴上墨鏡藏住哭腫的雙眼。事隔一年，在出差桂林途中，隨從告訴蔣經國，章亞若就葬在附近，蔣的反應是：「別再提這傷心事了。」

有關章亞若的事，方良知道多少？有個傳言是這麼說的：她要求離婚回蘇聯，但由於蔣家堅拒方良帶走自己的子女，百般無奈的她只好留下云云。蔣孝勇否定了這個說法，王美玉紀錄：「母親不是那種人，她是有委屈都往自己肚子裡吞的人，所以即使蔣方良當時知道蔣經國和章亞若的婚外情，也不會去向別人訴苦，更不要說到他祖父面前告狀，或提出離婚的要求……父母的感情非常好，或許也因為有過這麼一段婚外情，在他父親的內心深處，總覺得對母親有些內疚，所以在他們做子女的看來，父親對母親是十分的疼愛，尤其他們年紀大了……」(註3) 當蔣經國從外地公幹回來，方良會親自到機場接機，用擁抱和親吻歡迎丈夫回家。在中國，一個妻子不會在公眾場合有此表現。蔣經國夫婦私下通常用俄語交談，小蔣也喜歡讀俄國文學作品，這是他們關係親密的痕跡。

據蔣孝勇稱，儘管方良知道有章亞若這個人，但她可能不知道那對雙胞胎的存在。「母親是一個很聰明的人，她的眼睛很敏銳，可以看出很多事情。但是她的個性是把事情放在心裡不說出來」(註4) 蔣經國就是她的全部。為顧及方良的感受，終其一生，蔣都沒有告訴太太這段婚外情——那是小蔣一家的禁忌。

蔣家沒有聯繫過這對雙胞胎，也沒有聯繫過他們的照顧者。如果方良環顧周遭，她會看到其他有財有勢男人的行徑：以蔣介石為例，他不但結過兩次婚，還有其他戀情。在當時的社會，妻子們對丈夫在外的所作所為，只能默默接受。她們經濟上不能自立，傳統社會又不接受離婚，她們的地位和生活，都只能仰賴丈夫。方良的娘家遠在萬里以外，在中國也沒有屬於自己的社會網絡，較其他中國婦女更加脆弱無援。

信主

蔣方良生於俄羅斯一個信奉東正教的家庭。東正教是大多數俄羅斯人所信奉的宗教。但蘇維埃新政府立意消滅宗教，它沒收教會產業、把教會神職人員和信眾打成「反革命」，當中很多人被抓捕、流放或投獄。所以，對包括方良在內的蘇聯人民來說，要持守自己的宗教信仰極為困難，只能私底下悄悄堅持。但當她來到中國，發現她的公公婆婆都是虔誠的基督徒——因為蔣介石這時已和本來就是基督徒的宋美齡結了婚。宋美齡的父親是一位曾任循道教會傳教士的富商，宋美齡在 6 個子女中排行第四。1920 年，蔣介石初遇宋美齡，他較宋年長 11 歲，已婚，而且信佛。當蔣向宋的父母提親，宋母嚴詞拒絕。她說，只要蔣還是個有婦之夫，就不用想打她女兒主意。

做了蔣家家庭牧師 40 年的浸信會牧師周聯華，在其回憶錄中記述

方良與宋美齡（右）。（「國史館」提供）

了當時的一段對話:「宋老太太說:『我們家的小姐不嫁給非基督徒的。』蔣公說:『假如我為了跟三小姐（宋美齡）結婚而做基督徒,你大概也不會喜歡。我答應你,從此以後,我一定每天好好的讀聖經,先讓我研究研究。』宋老太太說:『蔣先生,像你這樣的人,說過的話一定算數,你既然答應讀聖經,只要你擔保自己一定實現,我就答應這件婚事。』後來,他真的每天讀聖經。最初的時候感到很難,常常到宋府老太太面前去請教。宋老太太聖經熟極了,不斷前後對照。他跟不上,於是,他發奮把聖經的目錄都背出來。」(註 5)

工夫不負有心人,宋夫人終於點頭,把女兒嫁給蔣介石。蔣宋於 1927 年 12 月 1 日在上海完婚。從此,基督教成為蔣介石生命中的一部份,每天研讀《聖經》,並養成到教堂做禮拜的習慣。蔣經國回國後,他也要求兒子研讀《聖經》及其他基督教的著作。小蔣遷居贛州後,便開始遵囑讀經。1943 年復活節,畢範宇牧師在重慶替蔣經國一家主持浸禮,小蔣家成為循道會家庭。周聯華牧師說,蔣經國研讀《聖經》和《荒漠甘泉》(*Streams of the Desert*),在外演說時,常引用《聖經》經文。(註 6) 在蔣方良往後的人生中,基督教也成為她生命中重要的一部份。

《荒漠甘泉》的英文版由「東方傳道會」(Oriental Missionary Society) 於 1931 年在美國洛杉磯出版。該書作者為曾在日本傳道的美國傳道人考門夫人 (Lettie Cowman)。書的內容按每天一節安排,每節摘錄《聖經》上的一個章節,外加引述另一位作者的

相關文章。考門夫人和夫婿1918年1月從日本返國後，便着手寫
該書，但也正是從這個時候開始，她看着丈夫的健康漸走下坡。
作者在書中抒發了她承受的苦厄、她與神的親近。書名取自和合
本《以賽亞書》第35章第6節：「那時瘸子必跳躍像鹿、啞巴的
舌頭必能歌唱，在曠野必有水發出、在沙漠必有河湧流。」考門
夫人常說，是神寫這本書，不是她。《荒漠甘泉》特別適合像蔣
介石、蔣經國這類人——他們正與軍事上佔絕對優勢的敵人打一
場可怕的戰爭。處於那種境況的人，可以從哪裡找到力量泉源，
支持他們熬過一場場硬仗？

日軍於1944年1月17日發動新一輪攻勢——「一號作戰」計劃，
迫使蔣經國一家提前結束在贛州的生活。才幾天工夫，日軍已經
兵臨城下，小蔣深知贛州的淪陷只在旦夕之間，他先把太太、一
雙子女、家傭以及他的主要屬員送去重慶，自己則於2月3日離
開。大部份城中居民倉惶出逃。2月5日，贛州陷落。

註

1　王美玉：《蔣方良傳：淒美榮耀異鄉路》，頁 16。

2　同前，頁 24。

3　同前，頁 31、32。

4　同前，頁 33。

5　周聯華：《周聯華回憶錄》，頁 203。

6　同前，頁 222。

第三章

內戰，流放，

分離，

淒楚

從 1944 年 1 月撤出贛南，到 1949 年 12 月撤往臺灣，中間那段時日，對蔣方良一家，以至對千千萬萬中國老百姓來說，是險情不斷、動盪難安的時日。她無從估計抗日戰爭將會是個什麼樣的結局；更不會想到共產黨終將贏得這場內戰。在兩場戰爭中，方良的夫婿都在敵方的暗殺名單上。那幾年，她數度搬家，且有頗長一段時間與夫婿各處一方。在 1949 這一年，她有 8 個月必須獨力帶着孩子在臺灣生活，夫婿與公公則繼續留在大陸，力圖保住江山。向壞處想，她不知道夫婿到底是會活着逃來臺灣，還是被共產黨生擒，像珍藏戰利品般，長期囚禁？還是⋯⋯？

「1944 年蔣經國離開他曾經誓言廝守到底的贛南，到重慶、上海任職，尤其在上海時期『打老虎』的強硬作風，固然名噪一時，但也是他從政以來遭遇極大困難的時期，各種打擊紛沓而來，在公務上遇到許多挫折，蔣方良成爲蔣經國最大的精神支柱。」

(註 1)

重慶飽嚐炮火

蔣方良帶同孩子，被安排從贛南直接送往重慶。方

良對這個城市並不陌生──前面說過，她常來這裡看望公公婆婆。自 1937 年 12 月南京淪陷以來，山城重慶一直是抗戰時期的「陪都」（國民政府並無「遷都」，只是形格勢禁，不得已暫時撤離），蔣介石看中這裡遠處西南，長江和嘉陵江滙流、崇山峻嶺環抱，山路蜿蜒、不通鐵路，日軍地面部隊鞭長莫及。值此時空之交，重慶的人口膨脹起來──從淪陷區撤遷而來的文武官兵、工廠工人，逃避日軍蹂躪的百姓等，頃刻湧至（戰爭結束時，重慶市區、市郊的人口合起來超過 100 萬，三倍於 1932 年時的 26.9 萬還不止）。因為戰事的發展，山城變得孤立無援，資源短缺、貧困交加，生活質量迅速惡化；住房奇缺（不少所謂房子其實是竹棚，擠住一起的人要共用廁所，不在話下），租金飆升。

最大的死亡威脅來自日軍的空襲。1937 年全面發動對華戰爭後，日本陸軍航空本部於 11 月通過了《航空部隊使用法》，其中的第 103 條明確規定：「戰略攻擊的實施，屬於破壞要地內包括政治、經濟、產業等中樞機關，並且重要的是直接空襲市民，給國民造成極大恐怖，挫敗其意志。」(註 2) 歷史告訴我們，納粹德軍欲震懾英國時，也用了與日本相同的戰略（二戰後期，美、英對付德國、日本，選擇以其人之道，還治其人之身）。日軍在湖北闢建機場，供執行「直接空襲市民」任務的軍機升降。1938 年 2 月至 1944 年末期間，日軍轟炸機「戰績彪炳」──單在重慶就奪去 32,829 名軍民的寶貴生命。當時中國空軍裝備之差勁，可憐復可悲，面對包括「三菱」G3M 戰鬥轟炸機和「零式」戰鬥機（1940 年服役，是當時世界上最先進的戰鬥機），毫無招架之力，遑論保衛重慶？

1936 年末，中國共有 600 架飛機，其中 296 架適合格鬥。1938 年與 1941 年之間，守護重慶的高射炮共擊落約 100 架日本戰機；1938 年 2 月至 1943 年 8 月之間，日本空軍出動了超過 9,000 架次飛機，進行了 218 次空襲，投下 1.15 萬枚炸彈，炸毀 1.76 萬座樓房。空襲的目標集中在人口最密集的城區和商業區。蔣氏一家和社會上層、軍事將領們並非住在城區，而是住在市郊——在那裡，周邊高高低低的山多少給他們提供了些許屏障。日本人想除掉蔣介石，最接近成功的一次是在 1940 年 8 月 30 日。當時，一枚炸彈在距離蔣宅僅僅數米之遙的地方爆炸，蔣家大小幸免於難。

重慶軍民缺乏有效對策抵禦空襲，只好另闢蹊徑。一項浩大的民防工程於焉展開——在山城各處廣挖隧道，供軍民於空襲時棲身避禍。在資金和設備都匱乏的情況下，成千上萬的群眾只能使用鎬、鍬等手動工具，硬是挖出一個個防空洞，以及一條條連通防空洞的隧道。到 1941 年初，整個重慶市共建成 1,700 個防空洞（最大一個長 2,500 米），儼然在重慶市區街道之下，複製出一個重慶市區。所有這些設施合起來可同時為 46 萬人（幾乎就是整個城區的人口）提供保命之所。共有 147 個崗哨由 674 位受過特訓的人員分別駐守，每當偵知有日本軍機趨近，他們負責及時向周邊民眾發出警報，讓民眾有足夠時間趕往防空洞。然而，無可避免地，並非每一次警報都發得及時。1941 年 6 月 5 日 18 時正——山城千家萬戶的晚飯時間，防空警報尖聲響起，人們趕忙放下手中碗筷，攜老扶幼奪門而出，向防空洞跑去。其中一個位於地下 10 米深的防空洞，本來僅可容納 5,000 人，但在這十萬火急的當

口，竟塞進了雙倍於最高容量的人數，超過 1,000 人窒息而死。在重慶大轟炸期間，像這樣集體被悶死的悲劇不止一宗，但這是遇害人數最多的一次。

走錯悲劇性的一步

日本高級空軍指揮官遠藤三郎是蔣介石宅邸空襲任務的負責人。戰爭結束 30 年後，他把自己的戰時日記公諸於世。他在日記中說，轟炸重慶是極大的錯誤。它沒有達到《第 103 條》「給國民造成極大恐怖，挫敗其意志」的意圖。空襲過後，日本機師看到的是，無論城區還是市郊，老百姓如常生活。他說：「一直以來所報導的轟炸效果稍微顯得過於誇大了。有人做出判斷說，我軍已把重慶炸成了如同廢墟一般，這就大錯特錯了。」轟炸沒有逼令蔣介石政府投降，也沒能讓民眾背離或抵制這個政府。遠藤三郎把自己的見解向參謀總長報告，但他的「異端邪說」換來的是嚴厲斥責。

在重慶展開新生活

遷居重慶後，蔣方良的生活劇變。在贛南，蔣經國是下轄 11 個縣 200 萬人口的行政區之首長。作為主管地區的土皇帝，他的工作安排基本上是自己說了算，而方良在當中是重要一角。但抗戰時

期的重慶，好歹算是一國之都，而她的夫婿是國民政府主席蔣介石的兒子，老蔣視兒子為親密可信的參謀、可委以重任的對象。小蔣的第一項任務是培訓學生和年輕士兵，工作相當繁重，無論見到太太和孩子時會有多高興，能騰出來共享天倫的時間終究非常少。小蔣嚴格區別家庭時間和工作、社交時間；他外向、活潑的性格很容易吸引女性。他曾與一位空軍將領的女兒有染，後者懷有身孕，後來移居美國。(註4) 1945 年 4 月 25 日，蔣方良在重慶為蔣經國誕下夫妻倆的第二個兒子 (也是他們第三個孩子) 蔣孝武。

蔣經國差點就當上了新疆的行政首長。1945 年 4 月，父親差遣他到新疆首府烏魯木齊處理一宗複雜的政治事件。當地有一個名為「東突厥斯坦共和國」(簡稱「東突厥」) 的維吾爾武裝組織，長久以來一直希望擺脫中央政府的控制，終於在 1933 年 11 月 12 日自行在喀什宣佈成立伊斯蘭共和國。東突厥深受蘇俄影響，有其撐腰，卻從未能有效控制喀什地區，「共和國」也從未得到外國的承認。蔣經國的俄語溝通無礙，且熟悉蘇聯國情，會是統管新疆的理想人選。但蔣介石考慮到抗日戰爭似近尾聲，兒子應有更重要的任務。1945 年 6 月和 12 月，蔣經國兩次到訪莫斯科，以國民政府代表團成員的身份，訪蘇商討戰爭善後事宜。在 6 月的那次訪問中，史太林安排了一次與蔣經國的私人會面。當中，史太林問候了蔣的俄籍夫人和在蘇聯出生的大兒子孝文；會面結束前，史太林以一把來福槍相贈，作為給這位年輕人的紀念品。12 月的第二次訪蘇行程於翌年 (1946) 1 月結束，返回重慶時，方良在機場接機。

方良與長子孝文、長女孝章，以及襁褓中的孝武。（「國史館」提供）

稍後（1946年4月），蔣經國追隨中央政府告別重慶，遷返戰前首都南京。在新的形勢下，有新的任務——蔣經國到國防部報到，負責青年軍的復員工作。他的新居兼辦公室設於南京市中山路一座樓房的兩個房間。中山路位於市中心，靠近主要的政府建築群。蔣經國把方良和孩子們送到浙江省府杭州市（中國其中一個最宜居的城市）安頓。杭州在地理上與政治氣氛炙熱的首都有一段距離，這也杜絕了一些有求於蔣家的官員向方良母子獻殷勤。8年抗戰期間，這個城市基本上未受炮火驚擾。方良一家住在靠近西湖（全市最令人艷羨的住區）一幢兩層高的房子。

另一個選擇杭州的原因是，蔣經國經常離開京城南京到外地考察，得把方良和孩子留在家中；既為首都，蘇聯駐華大使館自然設於南京。若小蔣一家都住在南京，方良就有機會與蘇聯使館的人員接觸。這本來很平常，但當時即使在國民黨內部，不同派系明爭暗鬥的情勢也相當複雜，小蔣夫人與俄國朋友交往，極有可能會惹來「小蔣私通蘇聯」的猜疑，甚或為「有心人」製造的謠言提供彈藥。所以，安排她遠離大使館區，比較安全。再者，由於杭州遠離政治，方良和孩子們可以過正常的生活，長子和女兒可以像普通人家的子女一樣，如常上學。蔣方良夫妻倆定期探訪對方，方良也會去南京看望婆婆宋美齡，婆婆會塞錢給方良，以幫補蔣經國留下為數不多的家用錢——但提醒方良別告訴丈夫。老蔣夫婦能見上一雙混血孫子，打從心裡高興。有一次，章亞若的弟弟把姊姊與蔣經國所生的一對雙胞胎兄弟帶到南京去與蔣介石會面。這次會面之後，蔣經國向方良保證，往後不會再見這兩個

孩子。自此，蔣經國終其一生都信守這個承諾——這是他對方良的忠誠，也是對夫妻倆一家的忠誠。

方良在杭州無親無故，得重新編織社會關係網，就如她初到贛南時一樣。還好，由於寧波與杭州同屬浙江，口音相近，她那口寧波鄉音濃重的中國話在這裡是可溝通的。方良與當地官員的夫人們結交，除了打麻將，她還開始學畫畫。

移居上海

1948 年夏，蔣經國奉命調赴上海，接受非常棘手的新任務。上海是中國的工商業之都，內戰，加上投機倒把的風氣瀰漫，造成通貨膨脹如脫韁野馬般惡化，上海首當其衝。父親派他到那裡試圖控制局面。8 月 18 日，政府發佈命令，要國民交出手上持有的金條銀條以及所有的舊貨幣，以換取政府新發行的金圓券。政府同時禁止上調薪金和物價，也禁止罷工和示威。蔣經國的任務就是確保這些嚴苛禁令被確實執行，而大多數人都認為禁令不可能落實。

小蔣進駐林森路（今淮海路）1610 號 8 座西班牙式別墅的其中一座。那是一幢兩層樓高、磚木混合結構的房子，建於 1942 年。客廳在樓下，臥室、書房、蔣經國的辦公室則在二樓。別墅後面是個小花園，種滿了樟樹、月桂和梧桐。別墅旁有一間用作哨站的小屋，由守護小蔣一家的警衛使用。蔣經國每天清晨 6 時起床，

蔣經國、方良與兩個孩子。

沿着林森路跑步，然後喝粥當早飯。方良和孩子繼續住在杭州，但會不時來這裡看他。1948 年 10 月，夫妻倆的第三個兒子 (第四個孩子) 蔣孝勇出生。兩個較年長的孩子仍在杭州上學。

可是，蔣經國面對的挑戰實在太大 —— 他的對手是身家豐厚、老樹盤根的家族和企業，其中有些還和蔣家有瓜葛；且共產黨的解放軍即將戰勝國民黨的政府軍，大勢已定。11 月 1 日，蔣經國發表告上海人民書，為自己未能遏止通脹、穩定經濟，向滬上市民致歉。11 月 5 日，他召集核心隨員，告訴他們：「我們失敗了。我不知道我們該去哪兒、我們該做什麼。」蔣經國離開上海，到南京與他父親重聚。

此時此刻，蔣介石知道內戰大勢已去。他本可選擇辭去委員長職務，流亡海外 —— 不少國民黨官員都這樣做了 (特別是那些手裡有積財、海外有人脈的，他們大多選擇跑去美國，資產早已「先走一步」)。對蔣介石來說，這本是個不用傷腦筋的選擇，他的夫人在美國上流社會無人不識，她的家族在中國是首富之一；美國曾提供庇護給不少被共產主義革命推翻的歐洲皇室家族成員或政府高層。1946 至 1949 年間的中國內戰，是人類歷史上最血腥的武裝衝突之一，估計造成 600 萬人 (包括平民) 傷亡，這還沒加上 1927 年國共決裂至 1937 年日本侵華期間數十萬人的傷亡數字。遭逢如此災難性的潰敗，人們很難不發出「天亡我也」的浩歎。1917 至 1922 年間，沙俄的白軍與共產黨的紅軍爆發內戰，造成 (根據不同統計) 700 萬至 1,200 萬人傷亡，最後，白軍領袖決定

認輸遠遁，來得及走的，都流亡歐美。但蔣介石不甘心。

蔣介石堅持：無論戰況如何逆轉，自己仍是中國的合法領袖，來犯的是打着「共」產主義旗號的「匪」幫（「共匪」這個詞，一用就是 30 年），故他拒絕流亡海外，而是把他的政府、軍隊和願追隨他的人撤至中國東南海岸對開的臺灣島。300 公里寬的臺灣海峽是天然屏障，將臺灣島與大陸隔開，為國民黨軍政系統提供了一個喘息的空間，計劃站穩腳跟後，再籌謀「反攻大陸」。那個時候的解放軍幾乎沒有空中戰備——它的空戰部隊要到 1949 年 7 月才在北京成軍，且僅有 10 架飛機。因此，如果解放軍要策劃攻臺，至少要耗時數月，甚至數年的時間進行組織整備。為支撐政府在臺灣的運作，自 1949 年初，蔣介石便陸續把國庫裡的黃金、白銀和外滙轉移到臺灣。這項任務交由軍方絕對可靠的人馬在夜間執行，行動絕密。此外，他也下令把北京故宮博物院上萬箱的文物珍藏運去臺灣，用意很明顯——他才是中華民族文化遺產真正的「守護者」。

焦慮多月

對蔣方良來說，1948 年 11 月丈夫離開上海後的那幾個月，十分難熬。她和孩子（和家裡的傭僕）在杭州安居；夫婿成為公公身邊最親近的心腹，夫妻鮮能相見。毛澤東形容蔣氏父子為「人民公敵」，把他們的名字列入要除掉的死亡名單。國民政府和軍隊

裡潛伏了不少共產黨間諜，只要能生擒或暗殺蔣經國，就是立下大功。因此，他的行蹤和計劃就是最高機密。方良無從得知丈夫身在何方、所做何事。蔣經國考慮過把太太和孩子送到安全的香港或者英國，但他沒有財力支持妻兒過他希望他們過的生活，也拒絕接受宋家（他後母的家族）的接濟。無論如何，像這樣的大動作，在政治上也不可行──如果連蔣介石的兒子也不願送自己的家人到臺灣，那國民黨的普通黨員憑什麼相信他？蔣方良在杭州家中收到丈夫托人帶來的信息，讓她做好準備，一接到通知，馬上帶孩子離開。

1949 年 1 月 21 日，蔣介石宣告辭去總統職務。當天，他和兒子蔣經國一同登上其夫人宋美齡的私人專機「美齡號」，離開南京，向杭州飛去。接了方良與孩子們後，馬上啟程飛往祖家溪口鎮。與此同時，國共內戰猶酣，共軍勢如破竹、勝仗連場。蔣家在溪口蟄伏了 3 個月。蔣方良和其他普通百姓一樣，不明白她丈夫的政府到底為什麼會輸掉這場戰爭。現在她只能接受現實：她和孩子們很快又要離開家園，不知棲居何地。她來到中國已有 12 年，付出了巨大努力，好歹算是學會了中國話（儘管帶着寧波口音）、了解了這個國家的文化傳統；她好不容易交了些朋友、建立起社交圈子。她在中國住過的地方，比她在蘇聯住過的地方還要多；她早就被夫家接受，這個「第一家庭」的其他成員待她一如親人。如今，和 1937 年一樣，她又要搬到一個她全然陌生、不識一人的新地方。臺灣，地處亞熱帶地區，潮濕多雨，且颱風常襲、地震頻仍。方良心中茫然：等着她和幾個孩子的，究竟是一種什

麼樣的生活？

4 月 23 日，中國人民解放軍佔領了國民政府首都南京。翌日，蔣經國在溪口與方良和四個孩子道別。孩子們一一與父親擁抱後，由屬員開車把方良、孩子連同保姆汪姐送往寧波市一個軍用機場（蔣經國不忍目送他們離開），然後登上一架軍機，朝臺灣島中部的台中市飛去。

接下來的 8 個月，蔣經國都留在大陸，應付局面。國民黨控制的地盤每個月都在萎縮，他的處境日見危急。共軍持續進逼，無論是活捉或殺掉蔣經國，都是立下大功，戰功僅次於拿下蔣介石。方良央求丈夫避走臺灣與家人待在一起，別再冒生死之險，但他置若罔聞。公公堅持繼續在大陸與共軍周旋，以換取更多時間把軍民撤往臺灣；丈夫則認為在這個節骨眼上，與父親並肩作戰，是理所當然。方良對丈夫的行蹤知之甚少（甚或全然不知）——丈夫的行程是最高軍事機密。蔣氏父子深知：國府和國軍中內部潛伏了不少共諜，他們必須步步為營、萬分謹慎，不讓對方探知國軍的行動，或國府最後據點將選在何方。

在丈夫的安排下，方良帶着孩子來到臺北市長安東路 18 號，安頓在蔣經國租下的一幢房子裡。房子的業主（兩家銀行）提出以「友情價」把房子賣給「領袖之子」，但蔣經國沒有接受。方良帶同孩子搬進新居，家裡暫時沒有男主人。1937 年，在丈夫的陪伴下，方良自出娘胎來第一次走向未知的遠方；但這次，丈夫不在身

邊。她問他一家何時能團聚，他的答覆只讓她更牽掛 ——「蔣經國只能安慰蔣方良『誰無兒女私情，但要在公私衝突之期，能犧牲個人利益，化私為公』」(註3)。換句話說，她得在一個完全陌生的環境中獨自面對不確定的未來，不能指望丈夫在身邊支持或撫慰。

那幾個月簡直是一場噩夢。她知道國民黨已經輸掉了這場內戰，國民政府正把機關和軍隊全盤轉移去臺灣，同時，共產黨正準備「解放」臺灣；美國對蔣介石的支持搖擺不定，不能信靠。方良不斷給丈夫寫信，表達她心心念念的切切情意，一再詢問何時能到臺北安頓。但丈夫認為隨侍在父親身邊，於公於私，都是應盡之責。蔣介石不願看到他麾下守在大陸各個危城的萬千官兵孤立無援，而在臺灣從頭搭建一個權力指揮中心、「反攻基地」，再怎麼倉促，也需要時間。與此同時，老蔣也希望迷惑共產黨，不讓對手猜出自己心中的最終去向。蔣氏父子的行蹤是密不透風的軍事機密，所以，方良完全無從打聽，唯一能做的，只有焦急地等待。她難免胡思亂想：丈夫和公公可能在短兵相接時被殺，或死於殺手的子彈，又或者因為座機被擊落而喪命（或被活捉）……。隨着內戰情勢的發展，時間一天天過去，那些噩夢成真的可能性也越來越大。

到了11月，近200萬平民和軍事人員（連同軍眷）都已撤遷臺灣。陪都重慶是蔣介石父子撤離大陸前的最後一站。他們於11月14日抵達，那時，軍事情勢已頹勢難挽，蔣經國敦促父親趁還能離開時馬上撤離。12月初，蔣氏一行開赴成都。鄧小平指揮下的人

民解放軍先攻下重慶，再進逼成都。鄧小平曾是蔣經國的同窗，1926 年在莫斯科相識時，二人曾沿着莫斯科河畔一邊漫步、一邊激情暢論着中國的未來，當時何曾想到有一天會發展成兵戎相見、血染河山的悲劇？最後，12 月 16 日，父子二人登上 DC-4 運輸機，告別重慶，飛越凶險的 1,530 公里，最終抵達臺北。能平安抵埗，蔣介石座機駕駛員兼領航員、少將夏功權的勇氣和超凡技術，居功至偉：航程中，專機所飛越的大地幾乎都已變色 —— 絕大部份地方已由新成立的共黨政府控制；雲遮霧罩，飛機上的人看不見下面的地，在沒有雷達導航的情況下，夏功權憑經驗和本能駕馭飛機，終在晚上 9 點半安然降落。直到此時，懸在方良和孩子們心頭的大石，方能放下。

註

1　　王美玉：《蔣方良傳：淒美榮耀異鄉路》，頁 38。

2　　〈戰時重慶：開掘「世界最大地下城市」〉，《國家人文歷史》，2019 年 1 月號。

3　　同註 1，頁 41。

4　　Jay Talor：《蔣經國傳》，頁 121。

一九五〇年代：
安度日常的十年

第四章

蔣方良一家在臺北的第一個窩，安在長安東路，靠近該市的南北大動脈中山北路，位於臺北市中心的步行範圍內。那是一座舒適的日式房子，他們的家居裝潢風格樸實。這座房子，他們一住就是 18 年，直到 1967 年因馬路擴建而拆除。這個安樂窩就是方良的小宇宙，她操持家務，全心全意照顧孩子。由於蔣經國的身份，上面配給了家務人員，但方良極為重視居家環境，大小細節都盡量親力親為，洗窗簾、抹沙發等工作全都自己來。她也下廚做飯，為 4 個孩子煮他們愛吃的菜。她在自家後院養雞，供應自家餐桌上的雞蛋。由於房子離鐵軌很近，不時有火車經過，火車產生的塵粉和煤煙會飄進房子的各個角落。方良勤洗門窗、灑掃庭院，鄰居對這樣的景象司空見慣。這意味着這個家庭——臺灣島權位第二高的家庭——現在可以過上某種「正常的」生活。

蔣經國不太忙的時候，會和方良一起，領着孩子徒步走到附近的市街，那裡滿是商店、餐廳和小吃攤。由於夫妻倆都喜歡美國電影，有時吃過晚飯，蔣經國會把車庫裡的吉普車開出來，把方良捎上，直奔附近的電影院，把車停好，排隊買票，和普通觀眾坐在一起；他們上餐館，不一定都讓隨員跟着。「蔣經國經常是自己一個人帶着司機，開着車

方良種樹。(「國史館」提供)

子到處跑。也許是他的任務需要，也許是他有另外的原因，他的司機經常抱怨『找』不到他，因為蔣經國如果發現一個人比較方便，就隨時伺機把他的司機給擺脫掉，一個人再搭別人的車子跑到別的地方去，至於到什麼地方去了，沒有人知道。」(註1)

夫婦倆喜歡看京劇，這是方良還在大陸的時候培養出來的興趣。方良喜歡貼近普通老百姓、過普通人的生活。兩夫婦有時會於晚間在自宅或陽明山賓館（位處臺北市北郊，可俯瞰整個城區），招待朋友和他們的另一半。蔣經國身穿長袍，負責奉餐。每上一道菜，來賓都舉杯祝酒（通常是米酒）。來客大多不勝酒力，沒多久，微醺小醉的便東倒西歪，酩酊大醉的更躺臥地板。蔣經國在俄羅斯生活多年，久經伏特加酒的修煉，有能耐看着賓客一個一個醉倒在他面前。當時臺灣禁止由蘇聯直接進口像伏特加一類的酒精飲品，但朋友總有辦法從香港大量訂購來臺，讓方良能與夫婿私下品嚐。方良的酒量可與小蔣比肩，甚至更勝一籌。

1950 年代後期，小蔣夫婦不時出席在美國臺北站俱樂部舉行的員工派對，夫婦倆必須按照指定的主題着裝（例如牛仔襯衫）參加。方良也會到當地學校做義務工作，她的朋友圈不大，既有華人也有洋人（包括白俄）。她喜歡抽菸，為免孩子看見，她把香菸藏在衣櫃裡，沒想到被孩子發現，還把「戰利品」帶到學校去。那個時代的華人社會，吸菸的女性很少，低調行事方為上策。

由於美國是臺灣的主要盟友，無論在工作還是社交方面，蔣方良

夫婦都經常與美國人打交道，因此，他們來臺定居之後，都下了不少工夫學習英語，蔣經國甚至邀得美國大使館軍事參贊的太太當方良的老師，夫婦二人都學得相當不錯。英語成為方良與臺灣友人溝通的主要語言，也透過英語頻道關注海外新聞。方良在家鄉斯維爾德洛夫斯克時是個活躍的運動健將，到家附近的保齡球館學玩保齡。根據先後擔任蔣介石父子貼身侍從副官的翁元之口述，方良保齡球藝一流，但玩了一段時間後，就絕跡球館，原因不明。（註2）接着，她開始學打高爾夫，與友人聯袂到臺北城北（今屬新北市）的「老淡水高爾夫球場」揮桿較量。由日本人在1919年闢建的「老淡水」，位於淡水河口附近的丘陵地帶，是臺灣最古老、最負盛名的高球場。在這裡，北面吹來的海風，對球手來說是一項挑戰。蔣經國鼓勵她去玩，她也的確去了，「可是，後來打沒幾個星期，她又不打了，大概和她本身有氣喘的毛病，以及球伴不易尋找有關……蔣方良大概自己也漸漸失去對高爾夫球的興趣，於是她又把球具束之高閣。」氣喘，部份是因為抽菸。後來醫生考慮到方良的這個毛病，加上肺部的其他狀況，勸她把菸戒掉。

蔣經國黎明即起，進行晨運，然後淋浴。每天早上6點半，隨員會把公務文件帶來給他審閱。讀畢，就到廚房吃早餐（醃菜配白粥，偶爾加個荷包蛋）。有一次他到陽明山跑步，由於初來乍到，對附近環境不熟悉，結果迷路了。蔣經國「失蹤」的消息驚動了父親，讓老蔣張羅人馬去把人找回來。自此，小蔣身邊就多了若干隨員。到臺北頭幾年，蔣經國會在市區穿街過巷地慢跑，

但隨員認為此舉太過危險。因此，他的健體運動改為到郊區或陽明山健行。蔣介石不放心兒子住在長安東路，認為那個位置遭人暗襲的風險太大，敵對的政黨或臺灣人都有可能派出殺手，蔣氏政權播遷臺灣後實施的統治導致民怨沸騰。根據官方數字，1949年《臺灣省戒嚴令》頒布至 1987 年《戒嚴令》解除期間，臺灣的情治單位一共逮捕了 29,407 人，其中約 4,500 人（約佔 15%）被處決。1950 年代中期，被關到綠島（位於臺灣本島東南 33 公里外的一座孤島）的政治犯，超過一萬人。

蔣方良對夫婿的公務知之甚少。邇來周邊發生的一切，迥異於 1930 年代末他們在贛南共同生活的歲月。在贛南時，方良在很大程度上參與丈夫的公務，在家裡招待公私友人；丈夫在政府中的地位說高不高，只是人口約 200 萬的鄉鎮地區首長。1944 年遷居重慶以後，丈夫搖身一變，成為總統父親身邊的貼身顧問。丈夫不想妻子被那些別有用心的人所利用，要求太太別過問他的公事。如同蔣孝勇所言：「父親擔任的職務越來越重時，的確要求母親不要過問他的工作，母親也覺得父親的要求很有道理，她完全聽從，做個單純的家庭主婦，所以沒有人可以走他母親的路線⋯⋯母親以家庭、孩子為重，一旦遠離父親的公眾生活，習慣後在個性上也有所轉變，譬如她變成了不愛在公開場合露臉，對不熟悉的人不愛講話，個性變得文靜，有時的確顯得有點孤獨。」(註 3)

在這點上，方良與她的婆婆、當時全球知名度最高的中國女性宋

美齡，形成鮮明對比——後者喜歡鎂光燈的關注、愛與廣泛的中外各界交遊；在西方，知道宋美齡的比知道蔣介石的要多，她在眾多事務上（特別是外交事務）都充當丈夫的參謀。

對於她丈夫已經安排蔣經國與章亞若所生的雙胞胎兄弟移居臺灣，方良也知之甚少。雙胞胎跟姥姥和舅舅一起住在新竹（臺北市西南 90 公里）的一座小房子裡。和臺北蔣家大宅那配齊家傭和警衛的「鍍金籠子」完全不同，新竹大部份居民都是世居臺灣的本地人，除了隨政府遷臺的「國語」普通話，當地人也講閩南話與客家話。故而，雙胞胎的閩南話與客家話都說得很流利。相對於此，他們同父異母的兄弟姊妹在臺北那些「外省人」佔主導地位的環境中長大，則只會說國語。

蔣經國始終信守他關於不與雙胞胎直接來往的諾言，而有關的話題也是小蔣家的禁忌。一直以來太太對自己忠貞不二，他不希望自己的桃色往事傷及太太的感受，更不願有任何閃失，勾起她「丈夫對自己不忠」的回憶。與此同時，他差遣一位親信到新竹，了解那對孿生兄弟和章亞若娘家的近況。使者奉命登門拜訪，卻碰了一鼻子灰——章亞若的弟弟一直相信姊姊是被謀殺，而政府的嫌疑最大。

1950 年代末，雙胞胎分別取了個洋名：哥哥章孝嚴叫 John、弟弟孝慈叫 Winston。這時，姥姥告訴兩兄弟他們的親生父親是誰。此前，他們被告知的版本是：父親被逃離大陸的人甩掉，無法逃

到臺灣。姥姥吩咐兩個外孫別把身世告訴別人，由是，兄弟倆明白蔣家不會認這兩個孩子。1950 年代，蔣經國緋聞不斷，但無損長安東路的家庭融洽。

賓至如歸 —— 明星咖啡館

1950 年代，明星咖啡館是蔣方良和丈夫最喜歡流連的地方之一。那是臺北鬧區一家俄羅斯風格的餐館，1949 年 10 月 30 日於武昌街 7 號開業，離臺北火車站不遠，東主是 6 位白俄。他們和國民黨一樣，為逃避大陸的共產政權而東渡臺灣，和他們差不多同時從上海過來的白俄，約有 100 人。這是他們的第二次逃亡，第一次是在 1917 年俄國爆發「布爾什維克革命」共產主義成功推翻沙皇帝制的時候。在大陸，最大的兩個白俄社群分別聚居在哈爾濱和上海。東渡臺灣的白俄當中，有一位叫艾斯尼（George Elsner Constantin Enobche），生於 1893 年，其家族與沙皇尼古拉二世有關係，算是皇親，他也是尼古拉二世的侍衛長。第一次世界大戰期間，艾斯尼作為沙皇軍隊的軍官，帶兵與德軍作戰；在俄羅斯內戰中，又帶兵與蘇維埃紅軍交鋒；革命紅軍取得全面勝利後，他避居哈爾濱三年，接着遷居上海法租界，在公董局公共工程處任職，專司為法國軍方人員興建新居所。

艾斯尼雖有語言天分，能操俄語、法語、英語和西班牙語，但他與其他在臺俄人面臨相同的生活困境——失去國籍、難以謀職、

蔣經國與方良參加明星咖啡館的派對。（馬克‧奧尼爾攝自館內牆上的照片）

資財有限、居所將就，且不通華語，在臺灣沒有人脈，無所憑依。一言以蔽之：他們需要當地人施加援手。1949 年之後，全球進入冷戰時期，臺灣與反共的美國成為盟友，「反共抗俄」的口號喊遍全臺，響應口號的僱主不願意僱用俄人，即使他們是因抗拒共產主義而流落臺灣。他們在臺灣找不到工作，也找不到盤子裡吃慣了的家鄉味道。

不過，艾斯尼交上了好運——認識了年輕人簡錦錐，他是當時少數會講英語的臺灣人，二人成了好友。1932 年出生的簡錦錐，8歲那年（1940 年）曾隨哥哥到訪上海，看到禮查飯店（Astor House Hotel，位於蘇州河邊，現為「浦江飯店」）附近的「明星西點麵包廠」，售賣各款麵包、奶糖、糖果、法式和俄式蛋糕等，店員主要是俄羅斯人及華人。艾斯尼和簡錦錐心有靈犀，一拍即合，決定攜手創業——在臺北也開設一家類似的店，店名也叫「明星」。

據簡錦錐的女兒簡靜惠憶述：「我父母 1949 年開設『明星咖啡館』，同年，國民黨也來了，同時從上海過來的白俄大約有 100個。他們沒有國籍，1917 年俄國革命成功，他們就逃離蘇聯，現在有家歸不得。家父熱衷於藝術和文化，同時對這批俄羅斯人有濃烈的感情。我爸媽通過和他們交往，學會俄語——還有很多別的；爸爸媽媽還為他們當中一些人安頓在中山北路我們家的房子，算是給他們安個家。這些俄國人沒有收入，完全依賴我父母照應，而我父母對他們確實相當仁慈。1950、1960 年代是『反共抗俄』的年代，社會上普遍對俄人有抵觸情緒，假使有人在街上

說俄語，就會招來辱罵欺凌；我父母反其道而行，無所畏懼——他們有扶持弱者的勇氣。爸爸媽媽在咖啡廳安裝風扇，讓人們在炎炎熱夏有個納涼的去處；俄國人也很樂意為爸媽設計菜式。『明星咖啡館』推出臺灣第一塊咖啡蛋糕。自從蔣方良搬來這裡，咖啡館慢慢滙聚了一個俄羅斯人的社群。」(註 4)

6 位股東（包括艾斯尼）都是白俄。簡錦錐在一幢正對着一座廟的大廈找到地方，作為咖啡館的店址。因為對面就是廟，做生意的人會覺得風水不妙——怕會招來魑魅魍魎，舖位總租不出去；現在有人問津，業主本該高興也來不及，惜業主跟當時大部份臺灣老百姓一樣，有抗俄情緒，不想把舖子租給俄人。簡錦錐冀玉成其事，努力說項，並出示文件，力證俄人中的一位已歸化中國籍、6 人中大多曾在國民政府的軍隊服役、本身也是逃避紅色政權的難民，等等等等。業主終為所動，以月租新台幣 2,000 元的條件，和 6 人簽訂租約。

簡錦錐投資了美金 500 元，用於購置「明星」的一應器材、建材，以及進行必須的裝潢。咖啡館的一樓是烤西點麵包的作坊，二樓、三樓是咖啡餐廳。艾斯尼和簡錦錐成了莫逆之交，艾斯尼因其非凡身世、傳奇歷史，吸引着這位臺灣青年，在他心中樹立了亦父亦友的形象。艾斯尼的經歷和蘇俄時期的芬娜形成強烈對比：他處於社會階層的另一端，他就讀的是貴族子弟學校，為將來要保護尼古拉二世的精英部隊而設。在他的從軍生涯中，曾在東部戰線與敵對的德軍和奧地利軍作戰，然後是蘇維埃紅軍；到

簡靜惠與母親簡黃碧霞攝於明星咖啡館門前。（馬克·奧尼爾攝）

蘇軍取得江山，便去國赴華，先後在哈爾濱和上海營生。他經常向簡錦錐展示沙皇和皇室成員的照片，他把這些照片（以及其他讓他緬懷昔日在祖家的輝煌歲月之珍藏）放在一個小木匣，他本人因着時局環境的變化而一站一站地流轉，木匣始終與他形影相隨。現在，艾斯尼在臺北落腳，沒有國籍，資財有限、朋友不多；當時處於社會階層另一端的芬娜，而今則貴為總統的兒媳婦、住在舒適的宅邸裡，有家傭和貼身侍衛前呼後擁。

很快，「明星咖啡館」成為寄居臺北的白俄和其他外籍人士重要的聚腳地。這裡供應俄國套餐、餅乾和糕點，包括沙皇皇室御用的「俄羅斯軟糖」和「明星核桃糕」（Mazurka）。俄羅斯人喜歡來這裡，可以用母語痛快交流、吃至愛的俄羅斯菜餚、聽柴可夫斯基（Tchaikovsky）和拉赫瑪尼諾夫（Rachmaninoff）的音樂、喝酒，暫時忘掉流落異鄉的悲愴。蔣方良一家遷抵臺北後，夫婦倆便經常到「明星」流連。

一如其他棲居臺北的俄羅斯人，在人生道路上，方良有點迷惘——她在中國大陸度過了12年，對這片土地比對蘇聯更了解，然而，才剛安頓好，又要搬到更遠的地方。臺灣的潮濕多雨，是方良不曾經歷的；這裡的人說的話，她大部份都聽不懂。1950年代的臺灣，充滿緊張和未知。為防大陸發動陸空攻擊，臺灣大力投資國防：修隧道、建地堡，確保海峽對岸來犯時可保障軍民安全。當局嚴格監控大眾傳媒，人民說話謹小慎微。到明星咖啡館與人閒聊，是抒發胸臆、排遣怨氣的重要渠道。方良與丈夫

蔣方良女士的最愛
明星俄羅斯軟糖

　　西元 1949 年由 5 位白俄人與台灣
簡錦錐先生合夥於臺北市武昌街開設
『明星西點咖啡』，店內這道俄羅斯軟
糖就是俄羅斯沙皇專屬的御用點心。
俄羅斯軟糖用手指輕輕剝開白泡泡的軟
糖，ㄅㄨㄞ、ㄅㄨㄞ觸感吃起來超彈牙，
甜而不膩，也是蔣經國夫人蔣方良的最
愛。純手工製作不含防腐劑，冰凍過後
別有一番風味，無須解凍即可食用。這
就是全台絕無僅有的俄羅斯軟糖。

明星西點咖啡 台北市武昌街一段七號 www.astoria.com.tw

俄羅斯軟糖是方良在明星咖啡館最愛的點心。（馬克·奧尼爾攝）

是「明星」的常客，來到這裡，經國就不叫經國，而是尼古拉；方良也不是方良，而叫芬娜。「可能是店裡的輕鬆氛圍讓她可以暫時卸下第一家庭的光環和旁人的目光，往後的日子，芬娜成了 Astoria（「明星」的英文店名）的常客；有時是由尼古拉陪同參加俄羅斯或飛虎隊友人聚會；有時是自己帶着 4 個孩子，來喝羅宋湯或吃西點……但每當走進 Astoria，芬娜都像踏着陽光走來，笑容燦爛奪目，腳步輕盈愉快」。(註 5)

簡靜惠說，方良和她的丈夫固定每周來聚會，吃飯、喝酒、跳舞，與其他俄羅斯人寒暄。「二人私下交談時，交替用俄語和中國話。她的中國話帶着濃重的寧波口音。她很能喝，酒量比丈夫更好。俄羅斯人在臺灣找不到工作，他們當中有些人已離開臺灣，有些已離開人間。」(註 6)

新年（1 月初）是俄羅斯人最重視的日子，從大清早開始，廚師就準備雞、牛排、乳豬和各式糕點和飲料。晚間 10 點左右，賓客們會穿着傳統服飾，陸續到店，一起祈禱、互致祝福，有些人會演奏樂器助興；當午夜的鐘聲敲響，碰杯聲、「新年快樂」的祝賀聲此起彼落，「有幾次，尼古拉飲了幾杯伏特加，酒酣耳熱之際跳起俄羅斯舞蹈，利落的舞姿贏得掌聲連連，笑得開懷的芬娜也會不由自主地跟着哼唱俄羅斯民謠，兩人所展現的熱情與活潑，與其他年輕小夫妻沒有兩樣」(註 7)。

簡樸低調的生活

1950 年代後期，方良的夫婿成為「中國青年反共救國團」主任。因着這身份，「救國團」主任叮囑自己的夫人生活要力戒奢華，因此，她用俄文寫信給「明星」，表示「因為先生有要職在身，往後無法再參加私人聚會」。從此，方良與丈夫不再參加那裡的新年派對，她的光顧僅止於偶爾喝杯咖啡、吃塊蛋糕。方良與簡錦錐一家仍維持好友關係，不時會到對方家中拜訪，或相約看電影。她的長孫女蔣友梅與簡錦錐的女兒簡靜惠從小學到初中都是同學，二人也很親密，簡靜惠常到方良家留宿。

1969 年蔣經國出任「行政院副院長」後，舉家遷往位於臺北城區北郊的官邸「七海寓所」，離「明星咖啡館」很遠。自此，方良的社交圈子更窄，也不再到「明星」，偶爾會讓司機開車到那裡，買羅宋湯和俄羅斯麵包回去，在家享用。這時，「明星」原先的白俄搭檔很多都已經離開臺灣，到別的國家定居，簡錦錐現在成為唯一的東主。1964 年，他把「明星」二字加到咖啡館的名字前頭，以反映咖啡館的新變化：咖啡館成為臺灣作家和藝人最愛流連的去處 —— 他們喜歡那裡的歐式氛圍、喜歡那裡點一杯咖啡就可以泡上好幾個小時的寬容。

一位了不起的女性

簡靜惠對方良留有深刻的印象。「我和蔣友梅從兩歲到十三歲都是同學,她是我最要好的朋友,所以我經常有機會見到蔣方良女士。她很隨和,不像其他官太太;她沒有架子,特別能交朋友。她家有個大廚房,她會到廚房巡視、嚐味,確保端出來的菜見得人。她們家待我很好,我經常到她家坐,甚至過夜。她家離我家很近,我把蔣方良女士喊作『奶奶』,她也拿我當孫女對待;她做我愛吃的菜,我生日她送我巧克力和禮物;她家辦活動,總有我一份;她家去外遊,總邀我同行——反正,她們待我就像自己家裡人。還記得七歲那年,我在她家看過一套電影,叫《賓虛》(Ben Hur);我也在蔣介石先生家裡欣賞過中國戲曲……。所有這些經歷,塑造了今天的我。一直到我十三歲那年,我才知道他們是臺灣的『第一家庭』。那年,該是友梅上高中的年齡,家裡安排她到英國留學,很自然地,我到她家作客的次數就逐漸疏落了。蔣方良女士本人是個有愛心、了不起的祖母。我真心想念她、打心底裡尊敬她。」(註8)

想家

大多數離鄉背井移居海外的俄人,都喜歡與留守家園的鄉親保持聯絡——誰知道此去一別,流放歲月何日終了、流落海外可有遺憾?

和千千萬萬或自願或被迫離開蘇聯的同胞一樣，方良是第二次世界大戰，以及緊接着的東西方國家陣營對峙之「冷戰」的受害者。臺灣參加到由美國主導的西方陣營，就等於與由蘇聯牽頭、盟友遍佈全球的軍事集團為敵。臺灣當局強烈反共，敵人不單是把國民黨政府逐出大陸的中國共產黨，還有它的總後台蘇聯。莫斯科和北京是親密戰友，故1950年代臺灣島上聽得最多的政治口號之一，就是「反共抗俄」。這意味着與蘇聯（或中國大陸）的人有任何直接聯繫（哪怕只是無辜觸及），都屬政治禁忌，犯不得。臺灣與蘇聯之間的書信往來，都會被對方的情治部門先行截下，他們想知道：寫信的人為何與對方的誰誰誰建立聯繫。因此，要鴻雁相通，先得在第三國找到可完全信賴的人，請他代為傳遞。方良的姐姐和朋友都住在斯維爾德洛夫斯克，那是蘇聯一個國防軍工城市，外國人不得進入、城裡的人不得與外國通訊。

對蔣方良來說，還有多一重不能忽略的考慮——她丈夫的顯赫身份。蔣經國在蘇聯生活了12年，認識不少俄共黨員（包括俄羅斯人和中國人），也和鄧小平有過河邊漫步「談心」的一幕（見第三章），在這樣的背景下，蔣經國必須步步為營，「比白更白」，不讓他的政治對手抓到他「親蘇」、「聯共」的辮子。眾多駐臺美國代表也緊盯着可能是接班人的小蔣，要從他的言行中，解讀出小蔣會否一如他老爸和繼母般親美。這也是讓方良不再涉足政治、遠離公眾視線的另一個原因，以免她的出現，老是提醒好事者胡猜亂想：蔣經國有個俄國人老婆，難道當中就沒有任何暗箱操作？在政府可以完全箝制傳媒的年代，這很好辦；人們也懂得什麼問

題敏感，不能問。

數以十萬計親友還在大陸的臺灣人，透過香港或者日本向大陸親友送去信件、郵包，送信送件的人必須守口如瓶，不得讓人得悉有此往來；要寄東西去蘇聯，更是難上加難。1950 年代，港英政府拒絕了莫斯科有關在香港設外交派駐機構的申請，因此，在丈夫的勸說下，漸漸地，方良與遠在蘇俄的家人朋友逐漸斷了音信。謹遵夫囑遠離公眾視線，臺灣民眾對她知之甚少。

「我猜蔣方良的國語說得不錯，但我從來沒機會聽她說話。」臺北一位出租車司機林國強說：「她不在鏡頭面前出現。她是外國人，不是中國人；她是一位家庭主婦、一位母親、一位妻子。」另一位司機王志鋼說：「關於她，我們什麼都不知道。媒體不報導——那時候是動員勘亂時期，誰敢問這些？」有些甚至相信她是沙皇家族的成員，被放逐到西伯利亞，在那裡遇上後來的丈夫云云。林國強說：「她是一位樣子好看的俄羅斯淑女，但那個年代是反蘇的年代，所以她丈夫不許她在公眾場合出現。很多臺灣人對她一無所知。由於她有一個中國人的名字，所以有些人以為她是中國人。」

1960 年代，一位美國國會議員和蔣方良會面時，問她本人是「白俄」還是「赤俄」，她回答：「我想你可以說，我生下來是一種人，後來卻長成另一種。」(註 9)

無論通過什麼途徑，假若方良收到來自斯維爾德洛夫斯克的胞姊安娜或者朋友的來信，她要如何確定寫信的就是本人？是否是在被脅迫的情況下寫信？因此，遷臺後至少頭 30 年，方良縱使想念家鄉，返鄉這件事卻是不可想像的。1970 年 11 月，一位來使把一封信交到蔣經國手上，那信是方良胞姊安娜寄來的（兩姊妹濶別已有 33 年）。蔣經國看後，把信扔進「待銷毀機密文件」的袋子。他告誡手下的人，別向任何人提起這封信。也許，蔣經國認定，家鄉來鴻只會勾起妻子對從小撫養她長大、唯一的胞親的思念，讓她感傷。

註

1 翁元口述、王丰撰寫：《我在蔣介石父子身邊的日子》，頁 263。

2 同前，頁 225。

3 王美玉：《蔣方良傳：淒美榮耀異鄉路》，頁 47。

4 作者對簡靜惠訪談的內容，2018 年 12 月 17 日。

5 簡錦錐：《明星咖啡館》，頁 119。

6 同註 4。

7 同註 5，頁 120。

8 同註 4。

9 Jay Taylor：《蔣經國傳》，頁 304。

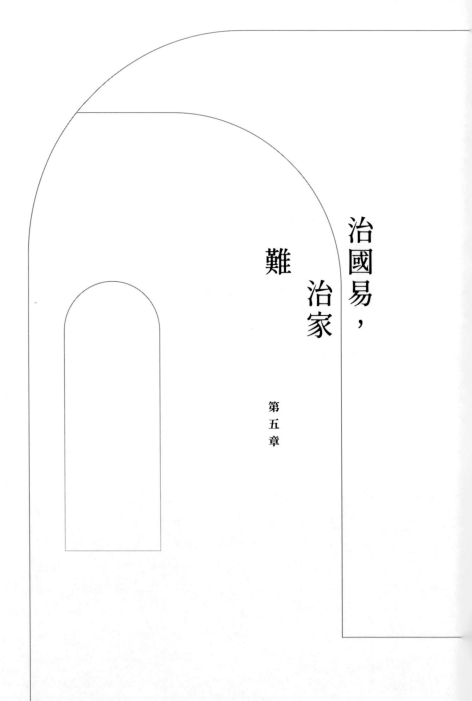

治國易，治家難

第五章

在談到他家孩子的時候，蔣經國曾經說過：「治國易，治家難」(註1)。蔣方良和丈夫一共育有三個兒子、一個女兒，孩子們為兩夫婦帶來巨大的喜悅，卻也帶來無盡的哀愁。子女是父母漫長人生艱途中的旅伴。自從第一個孩子（也是長子）蔣孝文在蘇聯斯維爾德洛夫斯克呱呱墜地開始，陪着父母一路走來——隨父母遠赴中國、在大陸不同地方生活，最後在臺灣安頓下來，一生始終不曾遠離他父母身邊；他的三個弟妹都在中國大陸出生。

「生於官宦之家」，福耶？禍耶？是福，更是禍。福者，官宦子弟有尋常孩子不會有的機會——亮出家族顯赫的名字，就可以輕易敲開對等閒之輩緊閉的大門；為着可能的個人或政治好處，你未開口，人家已忙不迭為你效勞；他們不缺家傭、保鏢和鈔票；基於他們的背景，即使再跋扈囂張，黎民百姓（哪怕是警察、低階官員）也不敢拂逆他們。禍者，假設有人善待你，到底是出於真誠友誼，抑或有求於你？人家對你講好聽的話，究竟是肺腑之言，抑或奉承之語？你的所聽所聞，是否就是事實真相？權位越高，問題越嚴重。因為蔣經國子女的身份，在他們和臺灣百姓的尋常生活之間，築起了高牆，而隨員們的任務之一，就是守着這堵高牆。這情況，在國民政府敗走臺灣後實施戒嚴的初期，尤其

方良、蔣經國與他們的四個孩子。

真確。社會的方方面面，政府都要控制，這當然包括新聞媒體，媒體所播報的，只能是官方認可的報導。老百姓不敢說任何不同於官方版本的「事實」。對小蔣夫婦的孩子來說，還多了一層心理負擔：父母以至爺爺奶奶對他們有很高的期望——即使當不上領袖，至少也要在軍、政，或者外交系統，做個位高權重的人物。這個心理負擔，何其沉重。但上述種種，還不是最嚴重的問題。

任性不羈的兒子

長子孝文 1935 年 12 月 14 日在蘇聯斯維爾德洛夫斯克出生。在父母生活最艱難的日子裡（也就是蔣經國留蘇 12 年中的最後半年，因遭免職而賦閒在家，一家全靠方良的工資過活的那段歲月），是他帶給父母天倫共樂的生趣，也因此，孝文在父母心中留有特殊的位置。據孝文么弟孝勇回憶：「從小他們兄弟就可以感覺到，家裡四個小孩中，父母最疼愛的就是大他十幾歲的大哥蔣孝文。相對的，對蔣孝文的期望也特別高，尤其蔣孝文的年紀比蔣孝武和蔣孝勇大很多，因此家裡看待三個兒子的態度也不一樣……祖父和父母對他的期望很高，要求也高。」(註 2) 父母把家安在大陸哪個城市，蔣孝文就在哪個城市上學。

蔣孝文個子高，長得帥氣。舉家搬到臺灣後，已經是少年的他變得越來越叛逆，在學校視校規如無物；他無心向學，卻愛喝酒、縱情派對、擺弄手槍。他在臺北的成功高中完成中學學業。「成

（右起）蔣經國、方良與長子蔣孝文。（「國史館」提供）

功」二字，與小蔣夫婦對其子女的期望暗合。在蔣家當過侍衛官的翁元在其自傳《我在蔣介石父子身邊的日子》中，對蔣孝文有過生動的憶述：「讀中學的時候，因為自己不愛唸書，成績考得一塌糊塗，有好幾門紅字，那時成功中學的成績單都是用郵寄直接寄給家長……每次孝文知道學校什麼時候寄發成績單回家，就通知我們，要我們先收下來。我們侍衛當時也不清楚信封裡裝的是什麼東西，但既然孝文命令，我們也不能不聽……」不巧，學校校長曾與蔣經國在贛南共事，見蔣經國對兒子的「滿江紅」竟毫無反應，感到大惑不解，決定親自拜訪前同事，了解情況。當蔣經國聽到這個事情，心裡氣得不得了，回到家來就找孝文追問，孝文知道紙包不住火只好實話實說，蔣經國真是痛心極了，拿起棍子就朝孝文身上猛打，打得孝文是滿屋子跑，蔣方良聽到丈夫在打兒子，心疼不已，立刻出來制止，蔣經國還是拚命打，急得蔣方良眼淚汪汪，一旁拚命拉着蔣經國不准他動手打孝文，蔣經國無奈，只好放下棍子，可是他餘氣未消，命令孝文跪在地上不准起來。跪了一陣子，蔣方良心疼得不得了，又是一陣哭哭啼啼，硬是要蔣經國饒了孝文，讓他站起來。」(註3)

蔣經國對孝文要求極為嚴格，而於孝文而言，蔣經國是最可怕的父親。有時候，為了偷溜出門，孝文得耐着性子，等到爸爸睡着了，就命隨員把家裡的吉普車從車庫推出馬路，直到距離住處好幾十米的地方，才發動車子，以免在車庫裡發動被老爸聽到。接着就開車去找朋友徹夜狂歡。

「而孝文從小就對槍支很有興趣，從高中時代，只要回到長安東路官邸更是槍不離手，經常見他把玩左輪手槍之類的武器，因為孝文這項『嗜好』是老先生鼓勵的，自然沒有人敢去制止阻擋他。老先生不但鼓勵他多認識武器性能，還鼓勵他去打靶、練槍法，因而孝文更是把手槍當作他隨身的寶貝，除了去學校之外，常常見他腰間拽把左輪槍。」

「某日下午，有位便衣衛士李之楚剛好下班，回到宿舍休息，一進門，就看到孝文一個人躺在床上耍弄着他的左輪槍，孝文看見李之楚進門，就喊了一聲：『不准動！』然後把槍口對着李之楚瞄準。李之楚平時也和孝文玩得很熟，以為孝文又是在開玩笑，就隨口一句：『唉！別隨便拿槍對人亂指，會鬧人命的！』蔣孝文大概一時失手，或者神情有些恍惚，手指突然不聽使喚，只聽轟然一聲，孝文竟然觸動了扳機，一槍剛好打中了李之楚的胸口，當場李之楚就倒在血泊中。」

「孝文大概忘了槍裡居然裝了子彈，更沒有想到竟然一槍打中了李之楚要害，當場大驚失色。大家聽到槍聲，心知不妙，立刻跑到衛士房間探個究竟，結果一看是李之楚給孝文一槍打傷了，大家看到情勢非常危急，李之楚中彈的部位是胸前，大家都認為他是凶多吉少，可是情況危急，也顧不了那麼多了，只有立刻送他去醫院碰碰運氣了。這時，孝文知道自己闖下大禍，已經嚇得臉色發白，愕在房間一角沉默不語。」(註 4)

李之楚被搶送醫院，幸好，鬼門閉關不納客，時辰未到退回來——孝文的子彈落在之楚胸口離心臟幾厘米處，人活了下來。兒子闖了禍，為父的蔣經國對李之楚深致歉意，並為他在臺灣南部高雄市的一家水泥廠安排了新的崗位。

孝文惹的麻煩不止這一樁。有一次，孝文跟人吵架之後，從家裡拿了手槍，風風火火地奪門而出，到附近一個水果攤，衝着攤主怒吼，那人嚇呆了。保鑣向蔣經國報告了這事。當孝文回到家，父親狠狠地訓了他一頓，然後自己在隨員的陪同下，親自找到那個攤主當面道歉。(註5) 又有一次，孝文醉酒駕駛，結果出了事故，事後蔣經國向友人表示，為了讓孝文醒悟，他甚至在考慮要不要跟孝文斷絕關係。(註6) 為了解兒子在外面到底在搞什麼，蔣經國安排了信得過的警官跟蹤孝文和孝武，警官要詳細報告他們都去了什麼地方、跟什麼人吃飯、什麼時候因為何事吵過架、拿過槍。報告捏在手裡，老爸像提訊犯嫌般傳召兩個兒子，要他們好好解釋，若不能給出個滿意的說法，必定嚴厲申斥。其中一個當時的隨侍人員形容父子仨的情景，活像「老鼠見到貓」。兩個兒子聲都不敢吱一下，更不要說反駁了。(註7)

再有一次，新婚的孝文跟妻子吵了一架，開門就走，跑到一間酒家買醉，喝得一塌糊塗，旁人都勸他，在這種狀況下，不宜回家。「蔣方良發現兒子不在家，四處派人出去尋找，終於在嘉新大樓找到他。侍衛人員勸他回家，怎麼勸他還是不聽。」(註8)

蔣經國的孩子都有一個思想包袱：怕不能滿足父親對他們的高度期待。蔣孝勇說：「蔣經國為了蔣孝文的健康，決定自己來規勸兒子戒酒，並決定自己以身作則，希望能感動蔣孝文也戒酒……結果，二、三十年來，他父親從此滴酒不沾。可惜蔣經國的苦心並沒有挽回蔣孝文的健康。蔣孝文並沒有因此戒酒，他一樣的酗酒。」(註9)

左右為難

丈夫和兒子的關係勢如水火，蔣方良夾在中間，左右為難。她寵溺兒子，覺得丈夫對待兒子過於嚴苛，難以承受，卻又不想為此事跟丈夫鬧翻，更不願向小蔣家以外的人訴怨，結果，一切的傷心、失望，都只能往肚子裡吞。蔣經國大部份時候都在外工作，隨着黨政權力階梯一步步攀升，他陪伴家人的時間也一點點減少。與他們的同學不一樣，蔣家兒女在家課作業和處理私人事務方面，未能得到父親的指導。身為母親，方良克盡所能，努力學習中、英文，可惜始終夠不上指導子女的水平；再者，她自己對蔣家以外的社會、對子女往來的人和家庭，所知都非常有限。

1950年代以前，臺灣人口僅約600萬人，社會相對單純；1949年大陸變色，隨蔣介石出走、到臺海彼岸安頓的大陸軍民，人數不下百萬，臺灣的人口結構發生巨變。到1950、1960年代，臺灣已形成一個複雜的社會。大陸移民雖佔當時臺灣人口的少數，但

政府、三軍和安全部隊的上層位置，都被大陸來客佔據、主導；原來在寶島上生息的居民，則強於農業和工商業。1947 年臺灣爆發民眾對抗當局而釀成的大規模流血，數以千計本土臺灣人被殺害、逮捕、處決或投牢（史稱「二二八事件」）之後，兩個族群之間的關係變得十分緊張。整個「美麗島」（葡語「Formosa」的意譯，指臺灣島）都籠罩在蕭殺的戒嚴令之下。1948 年 4 月 18 日，國民代表大會通過了《動員戡亂時期臨時條款》，基於此《臨時條款》，當局於同年 5 月 19 日頒佈《臺灣省政府、臺灣省警備總司令部佈告戒字第壹號》（通稱《戒嚴令》）。

在《戒嚴令》下，負責島內安全事務的機構，是「臺灣省警備總司令部」（以下簡稱「警備總部」），它全權擁有逮捕、拘留、刑訊等權力。「警備總部」的便衣人員會在半夜到嫌疑人家中抓人，而他們的家人求告無門。民眾（特別是本省人）提起「警備總部」，大多咬牙切齒，認為它是法律之外行使獨裁統治的工具。動員戡亂時期長達 43 年，迄 1987 年蔣經國解除《戒嚴令》、1991 年由繼任「總統」的李登輝宣佈廢止《動員戡亂臨時條款》為止（這是李登輝 8 年任期中最受歡迎的舉措之一）。1950、1960 年代戒嚴期間，權力高度集中且黑箱操作，媒體只能刊登通過審查的內容。在這種氣氛下，不少人爭相巴結蔣家，冀「各取所需」，有些人將結交孝文、孝武兄弟視為套交情的一條門路，因此常在夜裡邀他們外出狂歡，威士忌、白蘭地，一瓶接一瓶地喝。當蔣孝文遇上麻煩，有時會找「警備總部」的警官幫忙擺平。這不是平常人有膽量做的。

語言是另一個衝突的起因。1945 年國民政府從日本手中接收臺灣後，當局強行在全島包括學校、傳媒和政府機構推行「國語」作為官方語言。但當地人有自己慣用的方言，且 50 年的日本殖民統治期間，是以日語為官方語言。在國民政府治下，方言沒有法律地位，且嚴禁使用日語。孩子們在學校說方言要是被發現，不但會被老師責備，還會被罰戴「我要說國語」的牌子。那些不會唸讀國語的民眾，特別是上了歲數的老人，發現因為語言上吃虧，往後的日子要比之前更難捱。解嚴之後，人們為收看日本電視節目（特別是相撲和連續劇），偷偷安裝衛星天線；曾在臺灣教書的日本教師受昔日的臺灣學生邀請返臺，歡敘舊誼，舉辦東洋俳句比賽；不少年輕人東渡日本升學。亞洲沒有任何一個地方會像臺灣那樣歡迎日本，並懷念着日本殖民統治的時代。

蔣方良要如何理清這些複雜關係的脈絡、並弄懂誰是誰的什麼人？她的丈夫可以在家門外埋首於眼前的工作和未來的政途；但她的世界就小得多，家庭就是她整個世界的中心，她守着這個家，很想知道她的兒子究竟是怎麼一步步變成現在這副模樣。

蔣經國不能忍受孝文、孝武經常酗酒鬧事，特別是這會對蔣家聲譽造成惡劣影響，也惹來公眾對他們享有特權的不滿。故他對兒子嚴厲申斥體罰，但「不管他怎麼打，都改變不了兒子的行為。接近蔣家的人士說，蔣經國這麼嚴厲都拿兒子沒有辦法，更別說是蔣方良了，她每次夾在丈夫和兒子中間，好言相勸，兒子當時都把母親的話聽進去。但是，隔一陣子還是又讓蔣經國生氣，讓

她左右為難。蔣方良是個單純的家庭主婦,但是蔣家這一家人一點不『單純』,丈夫忙於她永遠無法過問的公務,兒子個個都要她操心,所以她的母親角色其實是扮演得蠻辛苦的。」(註 10)

軍事學院

1955 年,為滿足父親蔣經國的意願,孝文到高雄市的「鳳山陸軍軍官學校」報到。可是,到了第三個學年,他終於明確表態:再也不能承受身為蔣介石的孫子那種不足為外人道的壓力。父母終於聽見了兒子的心聲,決定把兒子送去美國。那裡沒有身份地位的束縛,才可做回一個普通人。蔣經國利用他在美國的關係,安排孝文入讀「弗吉尼亞軍事學院」(Virginia Military Institute)。該校建於 1839年,是美國最悠久的州立軍事學院。學院有 1,700 名學員,其中近90% 是男性。根據該校的官網,學校「提供嚴謹的教育,包括廣泛的本科課程,主修工程學,自然科學、人文科學、社會科學。此外,與各科目融會糅合的,是領導藝術和人格發展,讓學生畢生受用。軍事訓練和學術訓練兩相結合,打造出高要求的課程,期望學員執行文職和軍事任務時,存德存智、克盡己職。兵營裡的房間家具極簡,每個房間住 3 到 6 個學員,每位學員共同負責打掃營房,以應付日常檢查」。但孝文的英語水平達不到要求的標準,難以適應新環境,撐了 8 個星期便退學了。他接著轉到堪薩斯州的一所小學校,未幾,再轉到加利福尼亞州伯克利市(Berkeley)的一所私校——「阿姆斯特朗書院」(Armstrong College)。

方良一家為蔣孝文舉行 20 歲的生日宴。(「國史館」提供)

1960 年，孝文在阿姆斯特朗書院就讀期間，邂逅了中德混血的漂亮女孩徐乃錦。徐的祖父是辛亥革命英雄徐錫麟。1907 年，徐錫麟成功刺殺安徽巡撫恩銘，惜事後被擒，凌遲慘死。蔣孝文和徐乃錦二人打算結婚，孝文雙親聽到消息以後很高興，相信兒子找到理想姻緣，希望成家以後，兒子可以修心養性，不再鬧事。兒媳婦徐乃錦出自書香翰墨、教養良好的家庭。二人在加州一所天主教堂成婚，然後到美國首都華盛頓一所學校讀了一年書。1961年，徐乃錦抱着小倆口的第一個孩子、金髮藍眼的蔣友梅，拜見婆婆蔣方良，當時方良才不過 45 歲，是個年輕的祖母。孝文和乃錦要回美國繼續學業，就把女兒友梅留在臺北，給爺爺奶奶帶，祖孫感情與日俱增。寓居美國 6 年，孫女的父母學成回臺灣。在臺北，小家庭與爺爺奶奶同住長安東路；兩代夫婦一同外出，到住家附近閒逛、吃零嘴，與普通老百姓無異。蔣經國要求這第一個兒媳婦（其後也要求其他兒媳）不要到社會上謀職。他希望她們留在家中當個稱職的妻子和母親。她們可以做義工，但須注意避開公眾和媒體的視線，「免惹麻煩」。徐乃錦有良好教育背景，通曉多種語言。 嫁入蔣家，於她而言，是一種犧牲，但她甘願作這種犧牲。在臺北，她全心投入女青年會的慈善工作。（註 11）

有一次，蔣孝文到臺北榮民總醫院（簡稱「榮總」）做身體檢查，醫生告訴他，和父親一樣，他有糖尿，而他的酒量不如其父。多虧父親安排，為孝文在臺灣電力公司找到一份實習的差事，一年之後，晉升至桃園一家小辦事處的經理。儘管已經升職，又已為

人夫、人父（女兒出生不久），孝文仍繼續酗酒。有時，喝得爛醉的孝文會對妻子咆哮。有一次，他從桃園市開車前往臺北，車上還有一位朋友。途中，他邊開車邊喝酒，朋友告誡他這樣會很危險，他回應說：「我爺爺 39 歲就當上領導全國抗日的總司令，我爸爸在 30 多歲時，就在贛南做得有聲有色，是全國都知道的『蔣青天』，我現在也 30 多歲，卻只是臺電的一個小職員，我的壓力很大。」(註 12)

1970 年 10 月 15 日，蔣孝文參加一個晚宴，喝酒喝得很兇；由於他有糖尿，酒後體內血糖驟跌，嚴重缺氧，回到家裡便倒頭大睡，直到隔天早上還不見醒來。平時，他會隨身帶備一些糖果，只要覺得可能因血糖下降而感到不舒服，就會抓一顆放在嘴裡。可是，當晚他睡得死死的，自然沒有做那個以糖代藥的動作。太太徐乃錦和家人覺得不對勁，連忙把蔣孝文送到當地一家醫院；醫生看情況嚴重，不敢怠慢，馬上轉送設備較好的「榮總」。孝文仍陷入昏迷，太太日夜守在病榻旁。蔣方良夫婦每天到醫院探視，父親蔣經國在他耳邊呼喚：「爸爸在這裡，爸爸在這裡！你聽得到就捏我的手。」(註 13)

蔣孝文昏迷了接近一個月。當他終於醒過來，醫生告訴家人，病人腦部已經受損，失去部份記憶，而且腦功能再也不能恢復到昏迷之前的狀態。他繼續住院差不多 5 年，當中大部份時間住在醫院後院一座小房子，太太和女兒也搬到那兒陪他。根據蔣孝勇憶述，其長兄昏迷期間，父母每天到醫院看孝文，「父親每天都握着

方良與孫女蔣友梅。(「國史館」提供)

大哥的手輕輕的在他耳邊喊著：『愛倫，爸爸來看你了，你醒醒啊！』有時候，父親望着昏迷不醒的大哥說：『愛倫，爸爸對不起你！』父親主要是認為哥哥是遺傳了來自祖母毛太夫人家族性的糖尿病，所以導致病況如此嚴重，父親覺得對不起大哥。母親則天天握著大哥的手，企盼能够出現奇蹟，當她發現事實已經無法改變後，簡直無法接受。這個打擊對他的父母來說可以說是錐心之痛。」(註 14) 在太太、護士或者助手的攙扶下，他能走一段短距離；他能說話，但不能完全恢復記憶。1975 年，他們全家搬到陽明山一處住宅。由於長子不能自理，蔣方良花大量時間照料孫女友梅，小孫女變得和爺爺奶奶很親近。

寶貝女兒的意外婚姻

1937 年，蔣方良夫婦唯一的女兒蔣孝章在溪口出生。孝章長得跟媽媽一樣漂亮，而性格則跟整天喧鬧闖禍的哥哥孝文、弟弟孝武迥異——她溫柔、和善，父母很疼愛她。據蔣家的侍從副官翁元說，孝章對侍衛們彬彬有禮，並要求他們像對待普通人般對待她。唸中學的時候，她拒絕家人安排司機與隨員貼身保護、接送。她堅持自己騎自行車往返學校——路程可不短。蔣經國堅持她午膳時吃家裡送來的盒飯，她提前站到學校大門處等，生怕讓同學看到，留下「蔣孝章享有特權」的印象。(註 15) 她有很強的意志，也有主見。

上圖：方良與穿著小學校服的孝章。(「國史館」提供)
下圖：蔣經國與穿著中學校服的孝章。(「國史館」提供)

當蔣孝章已屆二八之年，父親決定送她到美國升學，但同時又擔心一個亭亭玉立的少女孤身在大洋彼岸生活，怎麼想怎麼不放心，得找個信得過的人就近照顧。左思右想，終於想到「國防部長」俞大維的公子俞揚和。當時，俞揚和在美國加州經商；蔣孝章到美國升學的地方，也在加州——奧克蘭市米爾斯學院（Mills College，創立於 1852 年的一所私立女子文科書院），交託小俞照顧，似是順理成章。俞揚和是中德混血兒，母親是俞大維在德國留學時邂逅的當地姑娘。他曾歷經三次婚姻，且年屆 30 多歲，長孝章 10 多歲，也許正因如此，應無堪慮之處。

蔣方良夫婦做夢也沒想到，他們的掌上明珠偏偏愛上了俞揚和，還要跟他結成夫婦！他們極力反對這段姻緣。「孝章和俞揚和談戀愛的消息，傳到臺灣之後，在蔣經國官邸引起極大的震撼。等經國先生親自向孝章查證，確實有這件事之後，而且孝章還提出堅持要嫁給俞揚和的時候，蔣經國氣得淚眼直流，半天說不出話來。」(註16) 擔心已極的父母力數反對的理由：二人年齡差距過大；俞君婚姻形同兒戲，若下嫁於他，到頭來怕只是好夢一場。再一個理由：俞揚和是個商人。利用家族中的政治人脈資源，撈取一己好處的權錢交易，是中國人政治生態中司空見慣的「常態」（關於這點，當時無論是什麼黨都沒兩樣，是老百姓鄙夷政治領袖的原因之一）。蔣經國一向反對家人從商，就是要避此瓜田李下之嫌。

當年，俞揚和的父親俞大維在德國留學，邂逅了一位教鋼琴的德

國姑娘，二人戀得火熱，終煉出愛情結晶——俞揚和，於 1924 年在當地出生。可是女方的父母反對女兒嫁給這位中國青年，他只好把已經 14 個月大的俞揚和交託給一位表親，表親把他帶回中國，再交託一位親戚撫養。俞揚和長大後，前往香港讀書，後來他投考空軍，並通過了入伍考試。1941 年，他被送到美國接受訓練；1944 年完成訓練返國，隨即投入對日戰爭。他參與了多次行動，在最後一次執行任務時，他的戰機被日機擊落，幸好他及時跳傘逃生，僅於降落地面時受傷。內戰結束，俞揚和決定移民美國，當時的妻子不欲相隨，於是離婚。俞後來的兩段婚姻也是以離婚收場。

方良起初大力反對愛女與俞的婚事，但她也了解女兒是何等的鋼鐵意志，深恐彼此持續猛烈衝突，只會在親子間留下不可彌補的裂痕。「蔣方良夾在丈夫和女兒之間，也極度煩惱。做母親的她，原本對於女兒的心上人也不滿意。但是，幸福與愛情的喜樂，都掌握在女兒的手上，在女兒無盡的淚水和哀怨的細訴聲中，方良接納了女兒婚姻自主的事實。她不再反對俞揚和成為蔣家一分子，反過來力勸丈夫，跳出阻止女兒婚事的漩渦。」（註 17）

1960 年，蔣孝章回臺灣探親。父女倆到日月潭度周末，在湖光山色中泛舟談心。女兒許下承諾，未完成學業前會先把婚嫁的問題放下。然而，蔣孝章返美後隨即與俞揚和到內華達州雷諾市（Reno）秘密結婚。既是秘密，新娘的父母都沒有親臨見證。消息傳到蔣經國耳中時，他正在用膳，氣得將餐桌一把掀翻。方良不住飲泣，女

蔣介石、宋美齡（前排）與方良（後排右）、孝章夫妻（後排左）合影。
（「國史館」提供）

兒的執意、背諾讓她傷心，丈夫的絕望與震怒也讓她憂心。這對新婚夫妻在美國定居，二人的獨子俞祖聲於 1961 年出生。俞揚和絕少踏足臺灣，而孝章則經常回臺灣看望父母兄弟。在臺灣，她非常低調，盡量遠離公眾視線。日子有功，蔣經國慢慢接受女兒對終身伴侶的選擇。1970 年，已擔任行政院副院長的蔣經國出訪美國，行程安排的首站，選在三藩市，為的是看看女兒和女婿。美國《時代週刊》刊登了一幀他們三人一起進餐的照片。

「我沒想過成為領導人」

蔣方良的次子叫孝武。他的性格跟他哥哥很相似，也給父母帶來無限憂傷，唯一可堪安慰的是，孝武在學業上比較自律。孝文孝武兩兄弟經常一同外出，參加派對、飲酒作樂。孝武也和孝文一樣，喜歡隨身帶上手槍。有一次，蔣經國甚至把孝武鎖在家裡，不讓他外出，在方良苦苦求情下，父親才稍減怒氣，放他出來。對孝武，父母得出與對孝文一樣的結論——送孝武到海外一個別人對他一無所知、僅視他為普通人的國家留學，他的成長會比較健康。幾經比較，父母選擇了德國「慕尼黑政治學院」（Politics in Munich, Germany），而孝武選擇了政治專業。留學期間，他遇上了一位臺灣外交官的女兒汪長詩，二人一見鍾情。蔣經國夫婦知道了以後，替他高興，認為若能成家，可讓孝武修心養性，安頓下來。1969 年，蔣孝武與汪長詩在美國加州蔣孝章家中舉行婚禮。由於蔣經國工作太忙，方良只能隻身飛往美國見證他們的婚

方良夫婦一家與蔣介石（中）合照。孝武（前排右一）站在爺爺身邊。
（「國史館」提供）

禮。這是自 1949 年追隨夫君移居臺灣以來，方良第一次離開寶島，也是她第一次踏足美國。

汪長詩為蔣孝武誕下一女（友蘭）一子（友松）。可惜，二人的婚姻並不美滿——孝武有婚外情。夫妻倆經常吵架，有時還當着子女的面爭執。最終還是難逃離婚收場，汪長詩黯然返回瑞士日內瓦，與已退休的父親相伴。蔣家不讓她帶走一雙兒女；後來，她另嫁作他人婦。

回到臺灣後，孝武考取由「中國文化大學中美關係研究院」頒發的法律學位。1980 至 1986 年間，他是公營「中國廣播公司」的總經理。蔣孝武的社交日程排得滿滿的，不少電影明星、名人、臺灣影響力最強的情報界人物等，都出現在他的行事曆中。1986 年秋，蔣經國派遣孝武到新加坡，擔任駐新加坡「臺北代表處」的副貿易代表。

把孝武調到新加坡的用意之一，是切斷他與情報系統的聯繫。1984 年 10 月 15 日，華裔美籍異見作家江南（本名劉宜良），在加州戴利城（Daly）家中的車庫，被兩名臺灣黑幫「竹聯幫」成員槍殺。竹聯幫宣稱他們是奉政府軍方情報系統之命行事。美國、香港以至臺灣的媒體均指蔣孝武在背後策劃，孝武本人則強烈否認，稱自己完全沒有牽涉其中。無論如何，安排孝武駐新加坡，未嘗不是讓他遠離疑案風眼的良策。愛兒被迫避走他國，方良心中悲傷。她不明白江南案的錯綜複雜，卻隱隱明白該案所引起的

方良與蔣孝武及一對孫兒在「七海寓所」合影。（「國史館」提供）

是非凶險，無奈同意丈夫的決定。

寓居新加坡期間，孝武戀上了臺灣知名航運業大亨蔡垂碧的女兒蔡惠媚。蔡曾就讀於「臺北美國學校」，1977 年，芳齡 18 歲的蔡開始擔任孝武子女的英語補習老師，相處日久，情愫漸生。二人年齡差距達 14 年，男方還離過婚。翁元在其自傳中寫道：「孝武為了追求蔡惠媚，據說花了 10 年的時間，才感動了蔡惠媚本人和蔡家。特別是蔡家本身是臺中的大戶人家，根本沒必要去攀蔣家這門親戚。而且，臺灣人對蔣家基本上是有着十分歧異的看法，加上孝武過去在政壇上的一些風風雨雨，蔡家自然早有聽聞。所以，女方家長對這門婚事，最早實在並不看好，要不是孝武苦苦追求，感動了蔡惠媚，恐怕這門婚事永遠都不會成功。」(註 18) 為玉成好事，蔣經國夫婦邀請蔡惠媚父母到其官邸茶敘。

1986 年，愛情長跑終於到達終點，男女主角不希望張揚，決定跑到新加坡舉行婚禮。蔡是第一個嫁進蔣家的本省人，二人婚後沒有子女，惠媚全心全意照顧孝武與前妻的一雙兒女。這段婚姻令原本性格火爆的孝武，心性平和了不少。「二度結婚的蔣孝武的確整個人都變了，他不僅工作努力，本來隨同家庭信仰基督教的他，受到太太的影響，成為虔誠的佛教徒。蔣方良從蔣孝武被外放到新加坡後一直耿耿於懷，但是對於兒子的改變，內心的憂慮總算放下。」(註 19)

1990 年 1 月，蔣孝武被調到東京，出任臺灣駐日本最高級代表。

這不是一項輕鬆的差使——在亞洲，沒有任何一個國家比日本人更熱愛臺灣；日本政圈和民眾對臺灣有很強的支持。可是，和東京維持着國與國、政府與政府之間的關係的，是北京而不是臺北，因此，中央部會以下、相當於科處級機構之副職以上官員，一律禁止與來自臺灣的最高代表（或他的手下）有官方接觸。北京駐東京大使館人員的其中一項工作，就是盯着日本官員有否違反這項禁令。

該年 8 月，筆者在「亞東關係協會」(Association of East Asian Relations，相當於「臺灣駐日使館」的作用) 的寬敞會議室訪問了蔣孝武。他當時所坐的位置，背後牆上懸着蔣介石、蔣經國兩位前「總統」的肖像，像極了祖父和父親在背後俯視着他。「我和祖父、家父的光輝成就不可以相提並論。我年輕時大部份時候都看到我祖父。無論發生什麼事，都不會改變他的日常作息：每天晚飯後步行最少 1,000 步，然後冥想和祈禱。每當我遇到難題，我總會想起家父和祖父說過的話。」被問到可曾想過攀登高位，他答說：「我不去想這個。我的理想是為臺灣、我的同胞服務；我不會參加政治遊行示威。我沒有想過有一天要成為領導人，今天不會，以後也不會。」

規矩學生、成功商人

蔣經國夫婦的幼子孝勇，於 1948 年出生。三個兒子中，數他最

十六歲的蔣孝勇，攝於 1964 年。（「國史館」提供）

容易教養。他是個好學生，完成基礎教育後，跟隨大哥孝文的足跡，入讀陸軍軍官學校。與他的兩位哥哥不同，他嚴格遵守校規，學業成績優異。十分可惜的是，在一次訓練中他傷了腿，治療加養傷，耽誤了好幾個月，以致無法完成軍校的課程。無奈之下，他轉往臺灣大學，報讀政治學。就讀陸軍官校期間，蔣孝勇認識了交通部高速公路工程局局長的女兒方智怡，二人旋即譜出戀曲。孝勇在醫院養傷期間，方智怡與蔣家長輩見上面，長輩們很滿意這位姑娘，認為是未來兒媳婦的理想人選。

1973 年 7 月，還在臺大唸三年級的蔣孝勇，正式和方智怡結成夫婦。這是方良四個孩子中，唯一在臺灣舉行婚禮的。新婚夫婦邀請媒體出席婚禮，並對外廣發婚禮照片。據蔣孝勇說，這樣做有其政治用意。「他結婚時因為祖父蔣介石的身體已經不太好，政壇上傳言很多，當時祖母和他父親商量後，決定藉着他的喜事對外適度公開祖父的健康狀況，所以他是蔣家唯一在臺灣舉行婚禮的小孩，當時真是熱鬧並且充滿了喜氣，為了慎重起見，這對新婚夫妻特別和蔣介石總統一起拍了一張全家福的照片，提供給國內外媒體刊登。蔣孝勇對自己能在祖父和父母參與祝福下完成婚禮，感到十分的光榮。」(註 20) 方智怡學的是電腦專業，畢業後在一家業內具領先地位的電腦公司任職。蔣經國不願兒媳在外謀職，於是方智怡辭去她的工作，專心在家當家庭主婦。夫婦倆共育有三個兒子。後來，得到家翁的同意，方智怡開辦了一所幼兒園。

上圖：方良與蔣經國出席蔣孝勇與方智怡的婚禮。（「國史館」提供）

下圖：方智怡（左）與方良、蔣孝勇（右）合影。（方智怡提供）

作為方智怡的婆婆，方良也從事幼兒教育——她是一個慈善基金會主辦之私營「三軍托兒所」的主席。蔣方良發覺自己越來越怕見人，漸漸不怎麼願意在公眾場所露面，只有遇有節慶活動時，才會出席擔任頒獎人。

孝勇在臺大畢業後，加入了由國民黨擁有的電子機械企業「中興電工」，事業發展得很成功，並同時兼任數家企業的董事長。

註

1　Jay Taylor：《蔣經國傳》，頁 304。

2　王美玉：《蔣方良傳：淒美榮耀異鄉路》，頁 60。

3　翁元口述、王丰撰寫：《我在蔣介石父子身邊的日子》，頁 239-240。

4　同註 3，頁 237、238。

5　周玉蔻：《蔣經國與蔣方良》，頁 234。

6　同註 5。

7　同註 5，頁 236。

8　同註 3，頁 242-243。

9　同註 2，頁 68。

10　同註 2，頁 78。

11　同註 5，頁 210。

12　同註 2，頁 67-68。

13　同註 5，頁 263。

14　同註 2，頁 69。

15　同註 3，頁 243。

16　同註 3，頁 244。

17　同註 5，頁 205。

18　同註 3，頁 250。

19　同註 2，頁 81。

20　同註 2，頁 89。

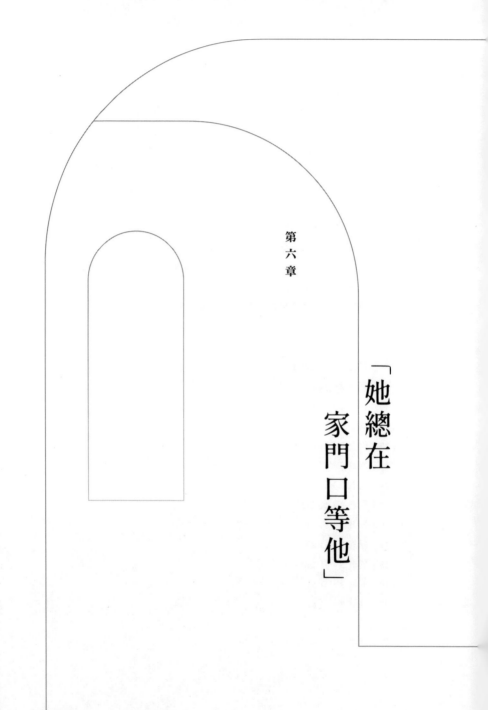

第六章

「她總在
家門口等他」

1967 年，在臺北長安東路的官邸住了 18 年之後，由於市政府要擴建馬路，樓房要拆除，小蔣一家得另覓居所。他們先搬到陽明山一處政府賓館暫住，然後於 1968 年 2 月正式搬到「七海寓所」，該處位於海軍總部的管轄範圍內。

七海寓所是一座西式別墅，建於 1950 年代，當年原意是為美國太平洋艦隊指揮官作為艦隊駐臺期間的招待所（「中華民國」與美國成為軍事同盟之後，政府原預期艦隊會在臺灣停駐），但美軍很少使用那些招待所，房子大部份時間投閒置散。房子蓋得很實用，一點也不奢華，這倒合蔣經國夫婦的意：他們追求簡樸，不要顯擺權力。兒子的選擇也正合蔣介石的意──七海寓所靠近蔣介石夫婦住的「士林官邸」，他一直認為長安東路不合適、不安全，而七海寓所位於軍事禁區範圍內，有 24 小時武裝守衛，故較長安東路安全得多，他要去探視兒子一家，也方便得多。寓所有自己的花園，親友和訪客可以在裡面散步；房子距大馬路有一段距離，所以很安靜。

住處好是好，對方良來說，缺點是與世隔絕，不能接觸公眾──從前出門走沒幾分鐘就有商店、咖啡店和餐廳，和孫子上街、吃東西，混在普通民眾中間⋯⋯這些日子，已成過去（蔣方良也許不曾想

「七海寓所」位於臺北大直區的海軍總部。方良在臺灣的第二個家就在園區裡。（馬克・奧尼爾攝）

過：她的餘生將在這個地方度過）。新房子是大直區一處建築群的一部份，大直區位於臺北北部基隆河北岸，而這片建築群則是軍事設施。蔣經國自 1965 年 1 月至 1969 年 6 月出任「國防部長」。

2014 年 12 月，「國防部」遷往大直區一座 8 層高的新廈，那裡也是海、陸、空三軍司令部和「國防部作戰次長室作戰指揮中心」（通稱「衡山指揮所」）的所在。營區佔地 19.5 公頃，工程耗資 158 億新臺幣，包括辦公樓和其他設施，包括郵局、理髮店、體育中心、會議廳等，以及可容納 3,000 名駐守該地的軍事人員的宿舍。

新寓所令蔣方良與外部世界隔絕。通往寓所的路，只有蔣家成員、信得過的朋友，以及因公必須往訪的人員可以進出，除此以外，無人能隨意造訪。隨着老蔣身體日漸衰弱，小蔣在黨、政、軍系統的擔子也日漸沉重。小蔣變得越來越忙，但從不告訴妻子自己正在忙什麼（大部份屬最高機密），妻子也從不過問。1960 年代末、70 年代初，北京與華盛頓之間外交接觸頻繁，最終結出美國總統尼克遜（Richard Nixon）1972 年 2 月歷史性訪華的果實。承認北京，就等於與「中華民國」斷交；對蔣經國和他的政府，那將是自 1949 年以來最危險的時刻。美國會否完全放棄臺灣？蔣方良對這些知之甚少，一如大部份臺灣人，她所知道的，就是報紙上所寫的、電視上所報的。她丈夫、她的家、她的子女和孫兒，就是她的整個世界。

1970 年春季，兩個世界發生了戲劇性的撞擊。時任「行政院副院

長」的蔣經國出訪美國，第一站是三藩市。期間的某天，他與女兒蔣孝章和她夫婿共進午餐，那是重要的家庭聚會，特別是此前蔣經國和女婿曾鬧得不太愉快。第二站是華盛頓，抵埠時受到紅地毯式歡迎。小蔣和美國總統尼克遜、國務卿基辛格（Henry Kissinger）及其他白宮高層進行了長時間的會面。4月24日，蔣經國身在紐約，正前往普萊茲酒店（Plaza Hotel），準備出席「美東工商協會」的餐會並發表演說。午後不久，蔣經國一行抵達酒店，他走出豪華座駕，正拾級走上酒店門前的臺階，兩名殺手持槍從大理石柱子後衝出，其中一人瞄準蔣開槍，一名眼明手快的美國警察推開持槍者的手，子彈飛越了蔣的腦袋，打穿大門玻璃。蔣經國鎮定自若走進酒店大廳，上了二樓，按原定安排發表了他的演說。儘管紐約警方建議小蔣離開該市，他仍堅持完成當日的行程。小蔣回到自己下榻的酒店後便致電方良，讓她不用擔心。方良在半夜收到夫婿險遭暗殺的消息，嚇得難以成眠。丈夫返回臺灣時，方良帶同孫女蔣友梅到機場親迎。這是方良極為罕有的其中一次公開露面。

刺殺失手的疑兇黃文雄，是臺獨的活躍分子，是美國康奈爾大學（Cornell University）社會學系的博士生。和其他臺灣成年男子一樣，黃服過兩年兵役。很多本省人都反對國民黨在1949年起強加於臺灣的軍法統治、一黨專政。不少人要求舉行民主選舉，選出自己的政府。結果黃文雄在美國坐了5年的牢，但一直到1996年有關「企圖謀殺」罪的檢控時效已過，他才返回臺灣。

方良有不只一個身份角色，但作為一個母親、祖母或者外婆的時候，是她最開心的時候；兒孫滿堂，則是她最享受這間新寓所的時候。她第三個兒子蔣孝勇就讀臺大時，就住在家中。即使他與方智怡於 1973 年結婚（二人經歷了 8 年的愛情長跑才結婚），仍在父母家繼續住了幾年才搬出去。

慈愛滿滿的妻子和母親

蔣方智怡記憶中的方良，是個充滿慈愛的妻子、母親。「我踏進蔣家前，沒有戰戰兢兢的心理。蔣經國沒有要求我婚後必須放棄工作。我曾經在 IBM 當一名電腦編程員，然後轉到 CDC。倒是在婚後，我自己感到有壓力，我的老闆也感到有壓力，最終，是我自己放棄了工作。之後，我有了孩子。孩子們長大之後，我必須決定接下來要做什麼。我選擇了辦一所幼兒園，一做就是 25 年。先生過世之後，我繼續經營幼兒園，直到 7 年前離開，創辦了這個慈善事業——『溪水旁關懷單親家庭協會』。」(註 1)

方智怡說：「我 1973 年嫁進蔣家，看到我婆婆蔣方良女士是怎麼尊重她丈夫、怎麼疼愛她的子女。對她來說，家庭是最重要的。她從沒給我什麼壓力。我感受到她和丈夫之間深厚的愛——丈夫回家的時候，她總在家門口等他。他會稱呼她『方』，而她叫他『國』。丈夫在家的時候，她總會在家。他們會一起參加派對、活動，這在領導階層中並不常見。她用帶寧波口音的國語跟丈夫談

方良與蔣經國在郊外踏青。(「國史館」提供)

話。我後來在她的珍藏中翻到用俄語寫的聖誕卡、周年紀念卡。她從不對孩子說俄語。她遇上俄羅斯人（比如芭蕾舞演員）的時候，才會說俄語。她努力學中國話，我們都習慣她的口音，能聽懂。」

蔣方良性格活潑好動，喜歡運動。在臺灣，她會跟隨夫婿到郊外健行。方智怡說：「方良喜歡打高爾夫，一個星期會玩兩三次，每次清晨 5 點半就出發，到淡水球場。她打得很好。婆婆說有一次，球場上在她前面的人讓她先打，她不喜歡被別人呵護關照，乾脆不玩。我丈夫（孝勇）勸她繼續，她不聽，就真的不打了。她住溪口的時候會去游泳，但在臺灣就不再游了。她有很多朋友，是『三軍托兒所』的主席。她參加過很多跟孩子們在一起的活動。過去她常打麻將，但我從未見過她玩。蔣經國要求公務員不要打麻將，她也就不再打了——儘管她本人並不是公務員。」

「她有很多朋友。經常是兩三位太太在下午 3 點半左右到蔣家，跟她一起喝茶。她的友人大部份都是中國人。有時候，在周末，丈夫會飛金門或者馬祖出差。她不會跟他一起去。她跟朋友去『統一大酒店』吃晚飯、聽音樂。丈夫亮相公眾活動，她從不參加。她對政治不感興趣。長安東路的房子太老了（是傳統日式平房）。她跟宋美齡女士關係良好，她們一同出席聖誕派對和學校活動。她們一道參加不少婦女組織的會議。早些年她會下廚，後來家裡請了個廚師，阿寶姐。她從 17 歲就到蔣家（當時還在大陸）當保姆，後來隨蔣家遷臺，蔣家已經拿她當自己的家人。這家人總

是吃中菜。方良的最愛是羅宋湯、捲心菜和肉。她開『別克』牌（Buick）汽車。」

「她看了不少書，英文的，也看英文報章。我沒見過她看俄文書。那時候，臺灣難得找到一本俄文書。她不太愛看電視連續劇，但還是扭開電視——家裡需要一些聲響。」

「她是個非常好的婆婆。她從不批評我，也不發怒。她沒教我怎麼帶孩子。我們（做兒媳婦的）會告訴她孩子怎麼樣了。她讓兒女們按自己的意願發展。記得在 1996 年，她自己的身體健康逐漸衰弱，她讓我照顧好我丈夫，不用擔心她，這點我印象很深。我很感謝她，感謝她真的像對一個兒媳婦那樣對我。」方智怡說。

蔣孝勇說，他媽媽不再玩高爾夫的其中一個原因，是她的哮喘病。(註2) 基於同一個理由，蔣方良聽從醫生的勸誡，戒掉抽了幾十年的菸。孝勇又說：「早期在大直的家裡，氣氛很熱鬧，後來長大後各自成家，分居在外，家裡自然冷清不少。」她幫忙帶大了長孫蔣友梅。方良和小蔣對友梅有特別的感情。當友梅還只有 9 歲的時候，她爸爸就陷入了昏迷，所以，有更多時間留在爺爺奶奶身邊；到了該唸高中的時候，她去了美國（關於這個決定，爺爺蔣經國初時覺得難以接受）。翁元寫道：「在國外唸書的時期，友梅經常抽空寫信給最疼愛她的 Grandpa 蔣經國。每次來信，蔣方良總是高興得不得了，拿着信就跑去給蔣經國看。」(註3) 後來，友梅去英國留學，她繼續寫信。有一年的寒假，友梅回臺

灣看望爺爺奶奶。那時候，蔣經國健康情況很差，一天大部份時間都臥病在床，看到友梅非常高興，要她別回英國，留在臺灣陪爺爺。「不行啦！我還要去英國唸研究所哩！」(註 4)

清苦與節儉

蔣家侍衛翁元在其自傳中，對蔣家搬到新居之後的生活，有很生動的描述（翁自 1978 年起到那裡上班）。在他筆下，這裡和蔣介石夫婦的「士林官邸」有很大差別：論佔地面積，「七海」僅及「士林」的十分之一；這裡綠樹林蔭、環境清幽，像一處供人短住休息的小築多於一個供一家人生活的居所；這裡沒有「士林」的設備齊全（例如專設汽車維修間、有供家傭和隨員起居的地方等）。方良和夫婿堅持生活節儉和簡約，每天的膳食用度以新臺幣 1,000 元為限，同樣僅及「士林」的十分之一。「七海」的員工隨主人遷進新居後，沿用房子裡現有的設備與電器，沒有換新。

廚子兼管家阿寶姐負責執行簡樸生活的原則規例。她生於浙江省定海縣，與蔣家算是同鄉，在老家時已經開始服侍蔣家；移居臺灣後，從長安東路開始，終其一生都為蔣家服務。阿寶姐與方良很處得來，且都是「省吃儉用主義者」，例如，如果冰箱裡同時有早前買的和新買的水果，阿寶姐總是先拿舊的；要是有人要拿新買的，她就會把關：「先吃完舊的，別浪費！」如果家裡有人想換掉老舊的設備，她就會阻攔：「東西好好的，還能用。」搬到「七

海」後超過 20 年的歲月中,廚房裡一件新添置的東西都沒有。阿寶姐在蔣家的工作全年無休。她照顧所有為這個家而買的東西,包括吃的、穿的和家用雜物。

這個「第一家庭」最讓人印象深刻的,是有關膳食的規則,那是一套只要照做不讓問的命令。膳食,是中國人生活和社交最重要的元素。每天花費數千元(新臺幣,下同)不難——大多數人會認為像蔣經國這樣的政府高層,加上經常有需要招待賓客,花這樣的錢,可以接受。像在「士林」,每月膳食開支在 20 萬到 30 萬元新臺幣之間,包括了宴會花銷,以及供賓客或官邸住客享用的、非比尋常且價值不菲的食材。可是在「七海」,來什麼訪客饗以什麼菜餚,都有明確的規格(共分三等)。方良不會吩咐廚房準備多於她認為賓客會吃的份量,如果廚子買食材的費用超過 1,000 元,她會要求檢查發票。

最豐盛的飯餐,是為家人的生日、周年紀念而準備的家庭盛宴,尤其是 1984 年小蔣夫婦的金婚(結婚 50 周年)紀念。據翁元回憶:「這次 50 周年,蔣經國夫妻非常重視,邀請了至親好友到官邸吃飯……一共請了二桌。類似這樣的隆重宴會,在蔣經國官邸還是真的很少見,可見蔣經國對結婚周年的重視程度,藉着這樣的慶祝方式,蔣經國也算是表達對蔣方良一生辛勞的感激之意。……我親眼目睹蔣經國對蔣方良柔情令人感動一幕。」(註 5)翁元又憶述了幾次在蔣經國臥室門外值夜班時所見:「夜色漸漸低垂,我照例在經國先生房間旁邊值班,偶然的情況下,見到

方良生日的慶生家宴。(「國史館」提供)

蔣經國走進他的妻子房間。蔣經國走到蔣方良身旁，雙手握住妻子的雙手，兩個人對視良久，然後，蔣經國一語不發地走出房間。」(註6)

蔣經國不在着裝上花時間。「在衣着上，蔣經國是從不作任何講究的，他的西裝大概穿來穿去就是那麼幾套，領帶也是如此。基本上，他和他父親有一個共同點，就是都喜歡穿用舊的衣物；和他父親不同之處，是他更不計較衣服的品質，只要實用就可以了。」(註7) 他的衣服中，有不少他女兒孝章回臺探親之前，先在美國加州買好帶回來的全套服裝；孝章也買來布匹，讓媽媽做各式衣服。孝章離臺返美的時候，父母捨不得女兒離開，十分感傷。方良同樣養成節儉的習慣，「因為蔣經國對金錢的觀念是如此的淡薄，蔣方良受他的影響，在持家上也相當的節儉和保守。蔣孝勇說，母親是個既傳統又節儉的人，家裡的生活很省。」(註8) 這種儉樸的作風，延伸到方良的衣櫃。她寧可穿舊衣，絕少買新裝；由於她甚少在公眾場合出現，她並無需要（也就沒有這個壓力）在公眾或媒體眼中留下深刻印象。但她會定期到外面相熟的髮廊打理頭髮。

委員長之死

1975年4月5日，在午夜鐘聲敲響前，方良的公公蔣介石的心臟停止了跳動，終年87歲。臺灣全島由北至南狂風大作、雷電交

方良與蔣經國結婚 25 周年紀念宴。(「國史館」提供)

加，人人都把它視作發生了什麼特別重大的事之徵兆。其後，電影院和娛樂場所都暫停營業一個月。蔣介石的遺體安放在臺北市中心的「國父紀念館」，連續 5 天供民眾瞻仰遺容，超過 200 萬民眾排隊走過蔣的靈柩，與這位已故領導人最後告別。正式喪禮於 4 月 15 日舉行，接着移靈至桃園的慈湖，距離臺北市區西南 55 公里。出殯時，成千上萬的民眾沿途佇立公路兩旁，向車隊致哀。慈湖是一處湖光山色的清幽地，蔣公的遺體暫厝一座「慈湖陵寢」的建築內一具外觀平實的石棺。

方良知道，這是她一生中一個非常重要的時刻──她的丈夫即將繼承公公的權柄。蔣介石的副手嚴家淦按憲法繼任「總統」，而國民黨中央常務委員會一致推舉蔣經國擔任黨主席。當嚴家淦的任期於 1978 年 5 月屆滿時，蔣經國勢將登上「總統」大位。方良關心的是，這意味着夫婿的工作量只會越來越重、夫婦倆見面的機會將越來越少。

蔣介石死後，遺孀宋美齡依然活躍於公共事務。她於丈夫辭世當年（1975）移居美國，住在紐約市拿索郡（Nassau County）一處家族擁有、佔地 14.6 公頃的莊園，自此甚少返回臺灣。但直至她於 2003 年在紐約去世（終年 105 歲），大家（包括媒體）都一直稱她「蔣夫人」。從未有人以「蔣夫人」稱呼蔣方良，即使後來她夫婿當上最高領導人。似乎，大家都守着一個默契：「蔣夫人」是蔣宋美齡女士的專用稱號。方良和她婆婆二人的對比再強烈不過了：宋美齡喜歡過社交生活、對政治有很強的看法；方良則盡量躲開

鎂光燈、不談政治。1978 年 5 月 20 日，蔣經國正式就任，時年 68 歲。

就任「總統」大位後，蔣經國決定仍住在「七海寓所」。從安全的角度看，「七海」位處軍事設施範圍內，作為官邸當不成問題；但若考慮到要夠得上「元首」的身份，則未免過於樸實；換了別人，肯定會另尋豪華貴氣、富麗堂皇的居所，或者乾脆另建新宮。方良也覺得「七海」已經很好，關鍵是住慣了就不想搬。他們夫婦倆都寧願住在樸實無華的環境裡，而不願進出炫耀權力的高堂廣廈。至於辦公地點，小蔣選擇坐進父親老將過去用的同一個辦公室。

糖尿病

1960 年代，蔣經國已經確診患上糖尿病（遺傳自他母親，他又遺傳給長子孝文）。在蔣介石晚年，每天早上都有座車把蔣經國接到「士林」，了解老蔣身體的狀況。護士會順便給蔣經國做血檢，監測他的血糖水平，並根據讀數，給他注射胰島素。之後，蔣經國才用早餐，再後直接從「士林」去上班。自孝文陷入昏迷，全家對蔣經國的糖尿問題加倍關注。榮民總醫院安排了兩位醫生到「七海」全天候當值，定期給他量血糖。即便如此，到 1970 年代，蔣經國的病情已經相當嚴重。

方良與蔣經國。(「國史館」提供)

翁元稱：「主要的原因仍是出在他不知節制飲食，完全無視於醫生開出来的飲食禁忌，毫無忌憚的吃各種他喜愛的點心、餐點。尤其是出外視察的時候，只要肚子餓了，看到路邊攤子上有什麼東西好吃，他就去吃，根本不管它什麼血糖不血糖。」(註9) 這些視察活動，是蔣經國領導作風的一大特點，把自己和父親以及大多數中國領袖區別開來。這類視察嚴密地按照劇本演出，做足重磅保安措施；所涉「演員」，以及他們將要唸白的對話，都在事前經過小心審核。因此，領袖們很難聽到「官方版真相」以外的實情，或者只能聽到安排考察的部屬想他聽到的話。

蔣經國知道國民黨的統治並非來自臺灣人民的民意授權；作為對此缺陷的一種補償，他經常在周末到各地（特別是臺北以外的地方）到處跑，接觸平常百姓、聆聽民眾心聲。他不會預先公告行程，而且穿着便裝和棒球帽，希望能與民眾坦誠對話、傾聽他們的肺腑之言。一如在世界上任何地方，在臺灣，與民眾打成一片的好方法是和他們分享佳餚、共嚐一村一地的美食、與主人家或淺酌或豪飲。這些情景讓媒體拍成許多好照片，呈現出一個親民領袖的形象。此些活動有利於實踐民主功課，但對於控制糖尿病情來説，卻絕對是壞事。方良對這些太清楚了，奈何夫婿半句勸告也聽不進去，她只能無助地乾着急。唯一有勸得動蔣經國的，只有阿寶姐。「她的權威遠遠超過女主人蔣方良。每當阿寶姐説哪些東西該吃、哪些東西不該吃時，蔣經國了解沒有商量的餘地，也不加以爭辯。」(註10)

1981 年，為控制蔣經國持續上升的血糖指數，醫療小組的醫生增加為蔣注射胰島素的份量，由每天一次增加到兩次——早餐前和晚飯前。(註 11) 但他繼續置醫囑於不顧，他的火爆脾氣讓醫生們控制病人病情的天職，變成了不可能的任務。當他索要「嚴禁進食」的雪糕 (高糖食品)，身邊的照顧者也只能「遵命犯禁」。

居家辦公

當上領導人後，蔣經國的健康不斷走下坡：他向醫生們抱怨腿腳不舒服。1980 年 1 月，「榮總」的外科醫生替蔣經國進行前列腺癌切除手術；這一年，他又告訴醫生他的腿無休止地疼，要服用鎮靜劑才能入睡。1982 年，他到「榮總」進行視網膜修補手術。到 1983 年末，他已不良於行，卻拒絕坐輪椅。此外，他又患有嚴重的頭疼。就這樣，隨着蔣經國的健康一天天壞下去，辦公地點乾脆設在「七海」。大部份的工作天，他只到「總統府」短暫停留一個小時，然後在「七海」開其他會議。1984 年 2 月，有關方面安排了一張醫院病床 (可以配合坐臥姿勢調校角度)，放在「七海」二樓他的房間裡。到 1984 年末，他的視力已退化至要隨員給他唸讀文字材料。他在臥室見客，若人數較多，就改在會客室。

和很多領導人一樣，蔣經國不希望民眾或者國際社會知道他的健康有多壞。有時候，當他有需要在「榮總」留院，他會吩咐下屬放一個假人在座駕裡，開車回「七海」，翌日早上又開車送假人

「回醫院」。他不喜歡留在「榮總」，非要進去的話，住院病人登記冊上不會找到「蔣經國」三個字，而是隨便一個隨員的名字。有一天，翁元有需要到醫院驗血，竟發現自己的名字已經被蔣經國「借用」，只好臨時改名，用「翁一元」登記。(註12) 在保安的名義下，醫院職工都懂得依例而行。方良的健康也逐漸變差，有失眠、呼吸急促的問題，但整體上到底比丈夫強。夫妻倆雖分住兩室，但看到蔣經國的健康一日不如一日，她幾乎總是留在丈夫身邊照料。

1978 年 12 月 17 日清晨，「七海」開了政府遷臺後最重要的會議。當日凌晨 4 點鐘左右，美國駐臺大使安克志 (Leonard Unger) 抵達「七海」，面告蔣經國和「總統府」秘書兼新聞局副局長宋楚瑜，美國總統卡特 (Jimmy Carter) 將於數小時後發佈公告，正式承認中華人民共和國。很快，「行政院」內閣成員和其他高層官員陸續抵達，邊進早餐，邊商討如何因應美國這歷史性舉動所帶來的影響。

臺灣最終安穩闖過了驚濤駭浪。臺灣當局在華盛頓進行的靈巧遊說，加上美國公眾和政圈普遍同情臺灣，促成美國國會於 1979 年 4 月通過《臺灣關係法》(Taiwan Relations Act)。該法允許美國政府與臺灣維持實質性的「外交關係」，而美臺之間於 1979 年之前已簽署並生效的超過 60 項條約和協議，均得以保留；又保證美國將繼續向臺灣供應防衛性武器，以及協助臺灣抵抗任何針對寶島安全或社會經濟體系的武力威脅。1980 年，外國來臺投資較前一

年有所增加，經濟持續增長。北京與華盛頓關係的正常化，並未導致臺灣被美國、日本和其他主要國家孤立。沒錯，「中華民國」喪失了在聯合國的席位、失去與昔日盟友的官式外交關係，但仍能與這些國家維持很強的商業和非官方接觸，經濟增長勢頭不減。因斷交所引起的震盪，總算過去了。

1981 年至 1984 年間，「七海」時不時出現一位常客——「美國在臺協會」（相當於「美國駐臺使館」）臺北辦事處處長李潔明（James Lilley）。賓主二人很相處得來。李潔明在山東青島出生，20 歲前都在中國大陸度過，說着一口流利的國語。他的父親在「標準石油」（Standard Oil）任職管理層，1916 年移居中國。家裡聘了一位保姆，整天跟李潔明說中國話。在奉派到臺灣擔任「美國在臺協會」一把手之前，李潔明在美國「中央情報局」服務了接近 30 年，曾外派到老撾、日本、香港、臺灣和中國大陸工作。1989 年 4 月 20 日起，李潔明出任美國駐中國大使，趕上了當年由北京學生發動的大規模請願。李穿着紅色格子褲，騎着自行車，在學生的集結地天安門廣場穿梭，時不時停下來與學生談話，力求弄清楚到底發生什麼事。有外國記者發現他的蹤影，他就懇請記者不要將他在現場的事情報導出來，以免中國政府以為他涉足其中，策動風潮。李潔明這種弄清情況的舉動，其他國家的駐華大使斷不敢為之。

1985 年 4 月，「榮總」的外科醫生替蔣經國安裝了一個心臟起搏器，以助穩定他的心跳。他開始在公眾面前坐輪椅。他第三個兒

子孝勇成為他的得力助手，每逢星期二、星期五，孝勇都會向父親呈交有關臺灣最新發展的報告和分析；他為父親朗讀報章和各種報告；他陪同父親前往金門前線視察；他成為父親的耳目和發言人。即使在「七海」，他也是個「大內總管」，扛起種種責任，包括編排保安隊伍、安排廚房為父母準備膳食等。「所以蔣方良對他相當依賴，包括哪些朋友來看蔣方良，都會有蔣孝勇的建議在內。」(註 13)

繼位

自出任臺灣最高領導人以來，蔣經國的健康狀況江河日下。若在別的國家或地區，蔣經國或許早已退休，讓位予健康條件較佳的人選。他沒有這樣做，有兩點理由：其一，他是蔣介石之子，多年來蔣介石一直對他悉心栽培，為其接班作準備，而數以千計的追隨者也如此期待；其二，他有很強的使命感，要在他撒手人寰之前非要達成某些目標。他知道自己時日無多，必須只爭朝夕地推動落實一些只有他才能拿主意的重大決策。

選定接班人，是上述重大決策之一。1983 年，蔣經國作了一個重大決定：接班人必須是一位本省人，以反映新時代的民主政治──1949 年以後才從大陸播遷臺灣的外省族群以及他們的下一代，僅佔臺灣總人口約 15%。蔣經國認定，再不能讓這個族群主導臺灣的政權。他排除了他的三個兒子接班的可能性，甚至不打

算讓他們坐上國民黨高層的位置。蔣經國最後選定的接班人是李登輝。李是一位農業專家，先後就讀於臺灣大學、美國愛荷華州立大學和康奈爾大學；1981 年 12 月至 1984 年 5 月期間，出任臺灣省主席。最後，李登輝於 1984 年 5 月 20 日正式就任為「副總統」。

其他重大決策包括：終止 1949 年 5 月頒佈、適用於臺灣的戒嚴令（即「解除戒嚴」）；改革政治機構，以反映政府的管治權僅及於臺灣、澎湖、金門、馬祖，而不及於中國大陸的現實；取消成立新政黨的禁令（即「開放黨禁」），以及允許成立政府和國民黨控制的媒體以外的新媒體（即「開放報禁」）。最終的目標，是讓臺灣人民可以通過選舉，選出自己的領導人。這些變革，遭到黨內、軍方和保安系統保守力量的激烈反對。他們所持的理由是：引入民主，勢必造成難以駕馭的亂局；要是發展至有人宣佈獨立，勢將引發兩岸開戰。反對陣營中有一位重量級人物——蔣經國的繼母宋美齡。看着蔣經國正在醞釀的政治改革，她坐不住了。1986年 10 月，85 歲高齡的宋美齡，從過着養尊處優生活的紐約長島專程返回臺灣，坐鎮「士林官邸」，指揮一場對抗改革的戰爭。

蔣經國知道，只有他的威望足以推動這些改革。他相信此刻如果不走這一步，將來的繼任者恐怕沒有足夠的權威去落實他這個政治願景。保守派實力強橫，操控着政府中的重要位置；沒有蔣家首肯，什麼樣的改革都會被他們封堵。這就是為什麼蔣經國急於在他生命的最後 12 個月一口氣把那些改革付諸實行：他在 1987年 7 月 15 日頒佈終止實施了 38 年的戒嚴令；同一天，新的《安

李登輝 (右) 赴「慈湖陵寢」向方良致意。(「國史館」提供)

全法》正式生效；根據蔣經國的命令，政府於 1988 年 1 月 1 日開放報刊出版登記，並取消頁數限制。他又批准「民主進步黨」的立案登記 (通稱「民進黨」，1986 年 9 月建黨；儘管當時戒嚴令尚未取消，按說，它是非法組織)。14 年後的 2000 年，民進黨候選人陳水扁在民主選舉中勝出，贏得「總統」寶座，是 1949 年以來首位非國民黨籍的領導人。這是蔣經國留給臺灣人的政治遺產。

到了 1987 年，蔣經國大部份醒着的時間都在臥床，或是坐在輪椅上。那年聖誕的平安夜，方良陪着蔣經國前赴「士林」，出席由宋美齡做東的家庭晚飯，同時出席的，還有孝文、孝勇兩兄弟和他們各自的小家庭，以及經國的弟弟蔣緯國和他的妻小。

1988 年 1 月 6 日，方良突然患病。醫生們勸她到「榮總」。翁元說，這麼一來，使「七海」原來就緊張的情勢變得更嚴峻：「蔣方良得的是氣喘引起的心肺衰竭，情況一度非常緊急，連救護車都等在門口可以隨時出發上榮總。可是，就在她的病情趨於嚴重的時刻，蔣方良卻在鬧脾氣，她不願意離開蔣經國一個人去住院。」(註 14) 孝勇苦勸不果。只有當丈夫提議陪她一起住院，她才點頭同意。夫婦倆一住就住了幾天。孝勇說：「他母親不願住院，是因為她不願意離開大直的家，不願意離開蔣經國，蔣方良越到晚年，對蔣經國越依賴，雖然夫婦兩人身體都不好，一天談不上幾句話，但是有蔣經國在身邊的日子，讓蔣方良感到有依靠，日子雖然寂靜，但是很安全也很實在。」(註 15) 據蔣孝武憶述，父親晚年身體每況愈下，曾叮囑兄弟姊妹們要好好照顧母

親,「她為這個家犧牲了一切」(註 16)。

撒手塵寰

1988年1月13日,方良離開「榮總」,返回家中休養。這天早上,
蔣經國一如平日,早早起床。不過,那天起床後,感到特別不舒
服,想吐。醫生應召而來,但舒緩不了他的不適。中午過後約 40
分鐘,蔣開始大量吐血,醫生和警衛知道大事不妙,連忙通知孝
勇。這天當值的侍衛是翁元,他清楚記得當時工作人員、醫生、
護士如何搶救病危的蔣經國,大家都看到當時的情況有多危急。
他說,大家都不想告訴蔣方良她丈夫的情況,怕她受不了那打
擊。「就算我們大部份的人都動員了⋯⋯沒有一個人可以和天命
抗衡。」(註 17) 蔣經國最終還是闔上眼睛,安詳離世。醫生確定的
死亡時間是下午 3 點 50 分,終年 77 歲。

蔣孝勇緊急召集黨政高層。「當蔣經國大量吐血時,官邸上下亂
成一團,但是沒有人敢去隔壁房間向蔣方良報告,蔣方良本來身
體就很不好,幾天前才從榮總出院回家,當時還戴着氧氣罩,不
過官邸的氣氛越來越凝重,蔣孝勇在一一通知政府首長到達官邸
後,不能再隱瞞了,他告訴母親⋯⋯對蔣方良而言,簡直是晴天
霹靂,她幾乎是無法接受這個事實。」(註 18) 蔣方良與蔣經國一共
做了 53 年夫妻,在場的黨政領袖只聽到蔣方良在隔壁房間抽泣,
都不願過去打擾她。

告別

1988 年 1 月 30 日早上，蔣方良及 4 名子女送別蔣經國的遺體。
他的靈柩安放在臺北忠烈祠，前往拜謁的民眾達 120 萬人，他們
耐心排隊前進，瞻仰蔣經國的遺容。然後，5 位家人及為數不多
的友人（包括當時的新加坡總理李光耀）陪同靈柩移送桃園縣大
溪鎮「頭寮賓館」（距其父蔣介石遺體暫厝的「慈湖陵寢」不遠）。
蔣氏父子最終安葬何地——許是臺灣，許是大陸浙江奉化老
家——尚懸而未決。早上 9 點，約有 100 萬名致哀的民眾佇立在
由忠烈祠通往頭寮的公路兩旁，這個時刻，幾乎全臺灣民眾都放
下手頭工作，肅立靜默，對他們的領袖作最後致意。

方良坐在輪椅上出席蔣經國的葬禮。(「國史館」提供)

註

1　筆者訪談蔣方智怡女士記錄，2018 年 12 月 19 日。

2　王美玉：《蔣方良傳：淒美榮耀異鄉路》，頁 51。

3　翁元口述、王丰撰寫：《我在蔣介石父子身邊的日子》，頁 287。

4　同註 3。

5　同註 3，頁 284。

6　同註 3，頁 283。

7　同註 3，頁 280。

8　同註 2，頁 95。

9　同註 3，頁 303。

10　周玉蔻：《蔣經國與蔣方良》，頁 267。

11　同註 3，頁 303。

12　同註 3，頁 264。

13　同註 2，頁 92。

14　同註 3，頁 340。

15　同註 2，頁 97。

16　同註 10，頁 230。

17　同註 3，頁 347。

18　同註 2，頁 99。

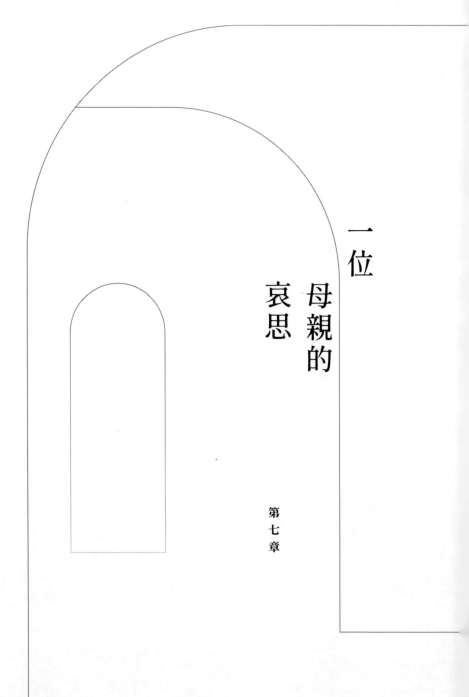

一位

母親的

哀思

第七章

丈夫先她而去後，方良的生活發生巨變。過去 53 年來一直給予她支持、是她最親密伴侶的那個人已經尋無覓處。除他以外，方良的社交圈子很窄：子女、內外孫、蔣家其他親人，以及與蔣家相交多年的故舊，如此而已。過去 10 年，「七海」一直是政府的神經中樞，蔣經國從那裡發號司令、處理政事，官邸常坐滿政府高層及其幕僚，出席一個又一個的重要會議。可是，往後他們都不會再來——只有逢年過節時，禮節性拜訪一位已故領袖的遺孀。那些重要會議移師他丈夫的繼任者家中進行。常來的，就剩下方良的子女、內外孫，以及親密的家族友人。她越來越不願意離開「七海」那熟悉的房子。生怕方良越來越封閉自己，家人都勸她多到外面走動，看看外面的世界，但她總聽不進去。孩子們邀請她搬到美國加州，和他們一起生活。

父親走了，死前選定的繼任人是李登輝（而不是自己的兒子），三兄弟看不到留在臺灣還有什麼政治前途。寶島進入代議政制時代，兄弟仨着實要好好考慮自己的將來。最年幼的孝勇選擇離開臺灣，於 1988 年 4 月帶着妻子和 3 個孩子移居加拿大蒙特利爾（Montreal）。他曾告訴一家臺灣雜誌，他感到蔣家與現代中國已經連結在一起，但此刻是暫時停下來的時候。到一個很少人知道他們是誰的地方，是

方良夫妻與 4 個孩子的全家福。(「國史館」提供)

蔣家開始像普通人般過新生活的機會。在蒙特利爾住上一段時日之後，舉家又搬到三藩市離姊姊孝章家不遠的地方。孝勇一家移民後，仍在臺灣陪伴方良的，就只有長子孝文；其時，孝武身在新加坡，出任政府派駐該國的貿易代表處副代表。

方良與她的丈夫個人資產不多，作為一位身居多個政府高職超過20年的政治領袖，這令人難以置信。只要小蔣願意，他有無數（合法的或不合法的）斂財的機會。夫妻倆沒有屬於自己的房地產（「七海」是公家物業）；方良靠她自己的養老金和因亡夫遺孀的身份而得的撫恤金生活。她銀行賬戶裡也有多年積攢下來的存款。「蔣經國從政以來，與工商界一直保持相當的距離，不願意和商人掛鉤，他對金錢的觀念也很淡薄，長期跟隨蔣經國的俞國華說，蔣經國到死後都沒有為自己留下財產，連住的房舍都是公家的……蔣經國的家相當的儉樸，自己的薪水一直是交給蔣方良管理。對錢沒有什麼概念，經常把自己的特支費拿來犒賞侍衛人員，或救助貧苦人家。」(註 1) 因此，方良毋須考慮搬到哪兒的問題，反正「七海」就是她想住的地方——這是她生活和家庭的中心、她擁抱與亡夫共同回憶的地方。政府也基於對已故領袖遺孀的尊重，樂於讓她在「七海」繼續住下去。

方良有哮喘，心臟又有毛病，在蔣經國生命中的最後數周，醫生、護士和「七海」的員工都關注方良的狀況，擔憂她將如何面對老伴的離去。但方良表現出大家都意想不到的力量和意志。「堅強的蔣方良在極度的哀傷，又挺着腰脊站立起來。1988 年 1

月 14 日開始，她以心靈相契的方法，活在依然擁有蔣經國的世界裡。……方良保留着丈夫生前睡的那張床、床邊的椅子，和屋裡不大的書桌。每天早晨起床，她像往昔一樣，開門走進先生的房間。在那裡，彷彿經國還是含笑和她談話……在頭寮安放蔣經國遺體的小房子裡，蔣方良撫摸着裝着丈夫遺體靈櫬的大理石，靜聲和蔣經國交談。她可以默默靜坐在那裡好幾個小時，回味追憶與丈夫共同享有的美好歲月。」(註 2)

方良的兒媳蔣方智怡說，蔣經國過世時，婆婆泣不成聲，「但，在別人面前，她不會流露半點個人感受。有時，婆婆的司機會把她載到基隆市八斗子碧砂漁港，坐在公公的銅像面前。她會和當地的人攀談，然後才回家。她喜歡這樣。在她的晚年，她給了我一個任務：她希望葬在亡夫旁邊（他的靈櫬暫厝在頭寮）……我告訴她公公那兒沒有地方讓她葬在他旁邊。葬在隔壁房間行不行？『不，一定要在他旁邊』，她說。於是我提出另一個建議（我不怕她會生氣）：『你走了以後，你可以火化，然後骨灰放在他身邊。』這點她接受了。這就是我們所需要的。要是你到那兒，你很難看見它，它就在蔣經國墓的旁邊。沒有任何標誌告訴你它是什麼。」

「七海」上下職工對方良給予很大的支持。阿寶姐留下來了；她全身心照顧蔣家、打理蔣宅。「她曾經表示，她其實衣食無虞，不愁生活，她所以還留在七海官邸，原因就是因為要報恩。」(註 4)另一個照顧方良的人是一位姓陳的護士。她曾為方良的長孫女、孝文的女兒友梅接生。方良對陳很滿意，應方良之邀，她留下為

蔣家服務，一待就超過了 30 年，蔣經國過世後仍繼續。比起作為
一位護士，她更像一位友伴。

基督信仰

蔣方智怡說，宗教信仰是支撐婆婆生活下去的其中一根支柱。「像
她丈夫和兒媳婦一樣，她是個基督徒。蔣家進餐前會先祈禱。她
讀《聖經》。信仰在她的生命裡佔很大一塊，它讓方良能面對她
生命中所經歷的生與死。她相信神已為每一個人選定生命的長
短。她傷心，但不怨恨，也不去問為什麼。她知道神已安排一
切。在我丈夫過世後，她用這些話來安慰我。她引《聖經》〈腓立
比書〉3:13-14：『弟兄們，我不是以為自己已經得着了；我只是忘
記背後，努力面前的，向着標竿直跑，要得到神在基督耶穌裡從
上面召我來得的獎賞。』」(註 5) (註 6)

蔣家的家庭牧師周聯華常到「七海」探訪，他服侍蔣家已有 40
年。周牧師的老家在浙江寧波慈谿縣，和蔣家一樣，能說寧波
地方話。周聯華 1920 年 3 月生於上海，在上海接受教育，後於
1949 年 2 月負笈美國留學，當時打算學成之後回鄉。周聯華在肯
塔基州「南方浸會神學院」(Southern Baptist Theological Seminary)
取得神學博士學位，隨即獲邀在美國教書，但他的心另有所
屬——1954 年到臺灣當牧師。輾轉之下，他應邀每逢禮拜天到臺
北士林「凱歌堂」傳道。歷史上曾先後出現兩座「凱歌堂」——國

民政府時期的南京「凱歌堂」以及國府遷臺後的士林「凱歌堂」（兩處於今猶在），均為蔣介石夫婦官邸內做禮拜的私人教堂，只有獲邀者方可一訪。周聯華對在該堂擔任牧師一事三緘其口，十分低調，名片上也隻字不提。(註7)

周牧師說，蔣介石很虔誠，除非生病或工作上有緊急狀況，否則從不缺席星期天的禮拜。周說，蔣經國抗戰時期就已經在重慶受浸，成為基督徒。「他讀《聖經》……在他的演講詞中常有《聖經》的引用。他不常在凱歌堂禮拜，但是聖誕節的時候，一定全家來教堂。」(註8) 蔣經國禮拜天不到教堂的主因，是他通常在週末到臺灣島各處巡視，「後來他病了，當然也不能來教堂了」。周聯華說，蔣孝文病倒之後，他常去探視；回來以後，會為他祈禱。「大人物的子弟不一定當大人物」，是周聯華得出的結論。(註9)

雙重打擊

失去丈夫僅僅 15 個月，方良又遭到另一個悲劇打擊——她第一個孩子蔣孝文於 1989 年 4 月 14 日因鼻咽癌醫治無效，在「榮總」病逝，死時才 54 歲。孝文是方良 4 個子女中，唯一從蘇聯斯維爾德洛夫斯克開始，陪伴着父母歷經中國大陸和臺灣不同城市的生活磨難。甜蜜的、苦澀的，孝文給母親留下無數回憶。「蔣方良獨自飲泣，承受白髮人送黑髮人的悲哀。」(註10)

丈夫離世當時，次子孝武正在駐日使館服務。他邀請方良遷居東京，和他及他家人同住。兒子有這份心意，做母親的很感動，但她還是婉拒了——她不想離開「七海」。「大直的一草一木，每一個角落與磚瓦，都承載著方良和丈夫蔣經國美好的記憶。」(註11)孝文離世後，孝武向政府申請調回臺灣，好讓他就近照顧年邁的母親。方良得悉消息，內心自然雀躍。孝武對往昔的作為感到愧疚，過去他與父親之間動輒起衝突，為父母帶來傷悲。如今，該是補償的時候，補償母親過去無私灌注在他身上的愛和關顧。孝武自1986年春起，一直在海外生活（先是在新加坡，然後是東京）。新任「總統」委任他為國營「中華電視公司董事長」，方良很高興，她太掛念這個兒子了——儘管她深知兒子被派往外國的原因。孝武答應母親，再也不會離開母親了。

1991年，他回到臺灣。6月30日那天，他在準備隔日就職演說的講稿，接着前往「榮總」做體檢。翌日早上，一輪清脆的電話鈴響，驚擾了「七海」的寧靜。那是醫院的員工打來，報告了一個驚人的消息——蔣孝武半夜遽然辭世，終年46歲！胰臟疾病奪去了他年輕的生命。醫生在替他進行體檢時發現孝武的胰臟出現問題，據醫生判斷，部份原因是孝武長期服用止痛藥所致。那天下午，方良坐着輪椅去「榮總」，見她愛兒最後一面，無休止地飲泣。此情此景，感動了周邊的醫院職工，也透過晚間電視新聞的畫面，感動了全臺灣的民眾。他們看到一位坐着輪椅的年邁母親，低頭抽泣，以帕拭淚。才不過3年半，她的夫婿、兩個兒子先後離她而去。她窮盡所有力氣，克服哀傷。「方良知道，哭

泣與淚水不能解決問題，更不願因為自己的哀痛，影響兒女的心緒。在高度的自我約制中，方良像年輕時一樣，昂首挺胸，直立脊背，告訴兒子、媳婦及女兒、女婿，各自為家庭與事業努力，她足以獨自廝守在擁有丈夫笑聲語響的大直房內，滿足又感恩的，過着平淡愉快的日子。」(註 12)

已和自己的家小移居美國三藩市的幼子蔣孝勇，經常返臺灣看望母親、共進午餐。另一位常伴身邊的，是長子的遺孀徐乃錦。方良的日常生活之一，是讀報（英文的，她嘗試看中文的，但無能為力）和看電視新聞（英語頻道），知曉時人時事；她也看書、看家庭照片；她不怎麼說話。孝勇說：「可能因為長期的沉默，蔣方良對於朋友的來訪，有時候興致也不高，他常常向母親提起那個朋友要來看她，但她總是說：『謝謝他的好意就好』，並不希望人家來探望她，不過老朋友就另當別論。」(註 13)

來自家鄉的代表團

1991 年 12 月 26 日晚上，飄揚於莫斯科克里姆林宮旗桿上的蘇聯國旗最後一次降下，取代它徐徐升起的，是 1917 年蘇維埃革命之前沙皇俄國使用的白藍紅三色旗；蘇聯不復存在，取而代之的，是當年或自願或被迫納入蘇聯的「加盟共和國」，如今變成 15 個獨立的共和國，其中包括方良的母國白俄羅斯。冷戰結束了，臺灣首度可以和這些國家建立聯繫，而方良也可以一訪她的出生地

斯維爾德洛夫斯克 —— 她遇上另一半的地方。冷戰一結束,纏繞了她 40 年、「我來自敵國」的精神枷鎖也頓時消散。1949 年後,臺灣成為美國在全球範圍對抗共產主義陣營的堅強同盟,這正是方良保持低調、避免公眾關注她背景來歷的原因。除了跟自己的丈夫交談之外,她絕少說俄語;她全心投入如何做好一個中國人的賢妻……如今,她已經沒必要隱藏些什麼了。

隨着蘇聯解體,蘇共實施了 70 年的新聞箝制也逐漸鬆綁,有關方良的故事也開始見諸俄羅斯報端:下嫁蔣經國的那位俄羅斯女子是誰?她怎麼去了臺灣?人們對她一無所知 —— 你看,蘇聯的新聞封鎖多成功!報章開始訪問她過去在斯維爾德洛夫斯克的友人和同事。其中一位仍保留着方良的照片,她說,假使芬娜願意回來,她願意接待這位故友。1992 年春天,方良收到一封意想不到的海外來函,發信人是她在斯維爾德洛夫斯克時期其中一位最要好的朋友瑪麗亞·安尼基亞娃。芬娜 1935 年 3 月與蔣經國結婚,瑪麗亞曾參加了他們的婚禮。這是 55 年來她們之間的第一封信。當年,在那個寒風凜冽的別離日子,站在斯維爾德洛夫斯克火車站站台互道珍重、再會時,誰也沒想到隨後接踵而來的「二戰」和「冷戰」,會在兩人之間形成不可逾越的時空阻隔。充當鴻雁信使的,是章孝嚴。章是蔣經國的兒子,但從母(章亞若)姓。蘇聯解體後,身為臺灣政府「外交部」一名外交官,他先後於 1991、1992 年出訪俄羅斯。

章孝嚴收到俄羅斯一位教授的信函,信的日期是 1992 年 2 月 23

日。瑪麗亞在信中表達了對芬娜痛失愛侶的慰問，又關心方良一共有多少兒孫？有沒有誰與她同住？是否有養老金過活？她表示，老朋友們經常看望芬娜的親姐安娜，安娜向她們展示芬娜寫給姊姊的信和附寄的照片，不過，「以後，不知道安娜去哪裡了，我們的聯繫從此中斷了。可能都對妳們的歷史很感興趣，現在有不少人到我家來，我把妳在黑海（你和尼古拉度蜜月那會兒）海邊拍的照片給她們看。」她說丈夫費奧多已在 1988 年過世；她有 3 個兒子，都在「烏拉爾重機」工作、都結了婚，一共給她帶來了 6 個孫兒。1951 到 1955 年，她丈夫帶領一隊工程師到中國東北鞍山一座冶金廠工作，然後在北京待了一年：「我們很想跟你們見面，但是沒有辦法實現。……請來北方作客，看看烏拉爾機械廠，這個地方變得太多了！……誠心的祝福你！」（註 14）

蔣孝勇說，媽媽把對蘇聯的感覺藏於心底：「一方面可能是在蘇聯已經完全沒有親人，另一方面是長期以來的政治環境，讓她對蘇聯的懷念都埋藏在心底，從不表露出來。父親在世時，父母兩人有時會對酌一番，講講連他們小孩也聽不懂的俄語，有時父母會告訴他們當年在蘇聯的日子和生活情形。此外，就很少有機會看到或聽到母親提到對蘇聯的懷念。尤其她晚年個性十分的沉靜，不輕易向別人表露內心的看法。她越不想說，家人就越不敢問，主要就是怕引起她的傷感。」（註 15）

1992 年 6 月 16 日，方良在「七海」接待了一個來自白俄羅斯首都明斯克的市政府代表團。代表團由市長亞歷山大・吉拉希門柯

（Alexander Gerasimenko）率領，團員包括副市長彼得‧尼基琴科（Pyotr Nikitenko）。蘇聯解體後，白俄羅斯新政府可自主採行自己的外交政策、處理自己的外交事務。明斯克希望與臺北結成姊妹市，故於 1992 年 6 月對臺北進行為時一周的訪問。2007 年，尼基琴科在一次接受白俄羅斯《共青團真理報》（*Komsomolskaya Pravda*）的訪談中說，當時他們在臺北，曾經拜會過蔣經國的遺孀：「當我們知道她是白俄羅斯人，我們馬上把握機會，向她表達了想拜會她，並向她致送紀念品的意願。接待我們的人員面有難色，解釋道，自蔣經國離世後，夫人再未見客；但接待人員隨即再致電尼基琴科，不無詭異地通知：『蔣經國夫人止恭候大駕。』接待人員進一步補充說，她曾經婉拒與莫斯科市長會面。」方良要求長兒媳徐乃錦以及國民黨秘書長宋楚瑜作陪（宋曾長期擔任蔣經國的英文秘書）；「外交部」也派出一名部門主管列席。方良難得有機會說俄語。她精神很好，問了來賓很多有關白俄羅斯作為一個新國家的近況。她說：「我已經有 55 年沒回去了。」

尼基琴科表示：「丈夫死後，她跟靠養老金過活的普通人無異。她住在一座兩層高的房子裡，室內裝潢很有品味，一切都顯得時尚而持重。我們受到熱情歡迎。餐桌鋪好了桌布，桌上擺好了曲奇餅、果汁、茶和咖啡。我們原先打算逗留 20 分鐘，結果賓主聊了超過一個小時。儘管她年事已高，但看來還挺優雅，着裝簡單、樸實。毫無疑問，她是第一夫人。」

「作為白俄羅斯人，我們向她送贈一個傳統亞麻布娃娃、

Narochansky 黑麥麵包（明斯克的特產），以及一面國旗。她非常感動！她給我們回贈了中國的民族紀念品——寫有中國書畫的柳條蘆葦席。她說她來自奧爾沙，又問有關祖國近年的變化、有關成立獨立國家的事。我們告訴她國家今天怎樣了、成立一個主權獨立的國家的種種。她向我們訴說了她的哀傷——她失去了兩個兒子。會面之前，我們已經被提醒不宜觸及私人問題。因此我們沒問，由她告訴我們她想說的話。」賓客們說，歡迎她回祖國走走看看，他們非常樂意接待這位傑出的同胞。本身是一位經濟學家的尼基琴科，是白俄羅斯「國家科學院」的成員。這是自1937年方良離開蘇聯以來，與來自祖國的官方代表團唯一的一次接觸。

蘇聯解體後，方良回俄羅斯或者白俄羅斯一行，已經不是奢想，而是完全可行的。但她沒有表達這意欲。她的幼子孝勇建議，他和太太可以陪方良一起去，但老人家沒有提出這個要求。隨着方良年事日高、健康日差，形格勢禁，早已放下長途跋涉回去看看的念頭。蔣方智怡說：「我們提出陪她去俄羅斯，但她說她不想，因為那裡已經舉目無親。她有哮喘，要戴口罩。」(註 16)

移居加州

長子和次子先後離世，方良才驚覺沒有兒女和她一起住在臺灣。女兒孝章早已定居美國加州；幼子孝勇於 1988 年先遷居加拿大蒙

特利爾，後又遷往美國三藩市，每個月回臺北看望母親一次。1991年，孝勇看到兩個哥哥的離世對母親造成的巨大創傷，認為母親若能移居加州與他們一家同住，再加上親姊孝章就在附近，大家就近照顧會比較好。可是，他發覺很難說服母親離開住慣了的「七海」——她對那裡的感情太深厚了；方良也擔憂，一旦她赴美探親，媒體會小題大做。最終，方良同意於 1992 年 9 月赴美。「那次出國是告訴母親到美國探視姊姊並且和兒孫聚聚，實際上他是打算如果母親住得習慣的話，就和他一起到美國定居。」(註17) 啟程之前，蔣孝勇做足保密工夫，以免母親成為媒體追訪的目標。

方良是次出國，拿的是普通護照，沒有要求特殊的外交禮遇。作為前「總統」的遺孀，她完全有資格享有這種待遇。出於禮貌，時任最高領導的李登輝打算到機場送行，但方良堅持他不用去——她不想勞這位大忙人的駕。儘管如此，李登輝的夫人和不少高層官員還是去了機場，以表對前領導的遺孀以及對方良本人的尊重。在飛往加州的航班上，有幼子孝勇夫婦和一名隨員陪伴。這是方良第二次訪美，第一次是 1969 年次子孝武在加州結婚那回。相對於此，當她公公的第二任太太宋美齡移居美國時，她帶了 97 個皮箱的家當，而且拿的是特殊護照。兩位蔣夫人 (或者說兩位「第一夫人」) 的風格差異之大，可見一斑。

方良住在蔣孝勇位於三藩市的家，女兒孝章連同夫婿和兒子前往看望。當初父母堅決反對女兒這椿婚事，如今共處一城，是自孝章出嫁以來，母女相伴最長的一段時光。孝勇帶母親參觀金門大

橋等著名景點。那裡風清氣爽，氣候宜人，對患哮喘的方良來說求之不得。她享受着舉目所見的一切，健康的改善立竿見影。

很多臺灣人選擇移居三藩市，是因為這裡的地理位置優越，起伏有致的丘陵可以俯瞰太平洋、空氣潔淨、夏日清涼、生活水平較高、文化生活豐富。這些無疑也是方良在舊金山住下來的原因，但顯然不是主要原因——主因是她的兩個孩子和他們的家庭都在這兒生活，他們能為她帶來安慰與解憂，以至整個家庭的情感支持。美國政府也歡迎她。然而，方良最後還是決定回臺灣，因為她覺得臺灣才是她的歸宿。蔣方智怡這樣解釋婆婆的決定：「方良 1992 年來到三藩市，我一家、她女兒孝章都生活在三藩市。她在那裡度過了一個月，過得非常愉快。然後有一天，她說想回臺灣，因為她已經來了很久了。她說：『臺灣是我的家，我必須陪在我丈夫身邊。』她的醫生說，像三藩市這樣比較乾燥的氣候環境，對她的身體會好些。」(註 18)「我必須陪在我丈夫身邊」，這是對丈夫多麼深情的愛——她享受與兒孫樂聚天倫，但非要二擇其一的話，她寧可回到曾與夫婿相守多年的「七海」。1992 年 10 月 20 日，方良在孝勇陪伴下返臺，自此，她再也沒有離開過臺灣。

回到「七海」

方良回到了臺北，在「七海」回歸了寧靜的生活。她的主要伴侶是管家阿寶姐、護士陳小姐，以及她的家裡人——特別是兒媳

們。孝勇回憶說:「母親每天還是會到父親的房間坐上一會兒,看看房間內一陳不變的擺設,睹物思情,宛如父親仍然健在一樣。這一切的情景,在舊金山的任何優越的條件都無法取代。」(註19) 她幾乎足不出戶,也很少在臺灣旅行。方良所珍愛的孫輩孩子們都往海外發展、過新生活(而不留在臺灣她身邊),為此,她不無傷感。她看書、讀報、泡電視;她定時到花園漫步;她不時翻閱相冊,憑藉家庭的老照片,緬懷過去。

1994 年 10 月某天,方良因中風被緊急送往「榮總」。那裡的醫生說,情況非常危急。她有一陣于不能說話,但她的生存意志非常強,多虧醫護人員悉心治療照料,她康復過來,並能出院回家。已經年近 80,方良鬥志仍然頑強,可是,死神總是如影隨形般盯着她的家人,揮之不去。

孝勇離世

1996 年 1 月,「榮總」的醫生確診孝勇患上食道癌。必要的手術做完之後,醫生告訴家人癌病已經進入晚期,病情並不樂觀,估計還能活 3 至 6 個月。手術當天,孝勇命令「七海」上下員工拿走所有報紙(他知道母親天天看報),不讓她有機會得悉這個消息。「他真的不知道自己死後,母親要如何撐下去」(註20) 一如方良和她的家人,孝勇也是個虔誠的基督徒。他戒菸戒酒,在「榮總」接受化療。可能的話,他會去「七海」和媽媽共進午餐。方良

被告知孝勇身體不適住院了，便定時到醫院看他。隨着孝勇的病情一天天惡化、身軀一天天瘦弱，他知道再也沒法隱瞞老人家。當他終於鼓起勇氣說出來時，他馬上明白，母親早已了然於胸。1996 年夏，完成化療療程後，蔣孝勇前往中國大陸尋醫治病，但為時已晚：癌細胞已經轉移身體其他部位。這一年的下半年，他臺灣美國兩邊走。美國是他孩子和他父親的繼室宋美齡生活的地方，再過不到一年（1997 年春），宋美齡就足 100 歲了。1996 年 12 月，孝勇的太太和三個孩子陪他一起回到臺灣。

時間到了 12 月 22 日。據蔣方智怡憶述：「那天我倆跟孩子們一起吃午飯。飯後，孝勇正在小睡的時候，護士走出來告訴我，我先生有點兒不對勁。醫生來看了，告訴我們要有準備。當時我和孩子都在他身邊。婆婆來到醫院，握着他的手，他聽完婆婆的話以後，就離開我們了 —— 他要等聽到婆婆的聲音。他走了以後，婆婆對我非常重要，是她給了我指引。」(註 21) 蔣孝勇走時才 49 歲。至此，蔣方良的三個兒子都先她而去，「蔣氏皇朝」算是畫上了句號。她的孫輩中，沒有一個願意走上政途，也沒有一個願意活在臺灣公眾的視線之中。

悲劇乎？報應乎？

問問臺灣人：知道有一位母親，在其離世之前先後失去三個兒子，他會有何感受。不同的人會給你不同的回應。人們從報刊上

或電視上看到蔣方良進出醫院、出席兒子的喪禮，對於白頭人一再送走黑頭人的揪心之痛，任誰都會寄予無限同情，人們會覺得這位母親一直在強忍那不可言說的失落。但，同情方良是一回事，評價蔣家的言辭可就沒那麼仁慈。

臺灣中學教師林北來說：「蔣方良三個兒子那麼早就死，是報應，是蔣介石殺了那麼多臺灣人的報應。我不是說蔣經國，他這人比他爸爸要好。蔣方良的三個兒子都不在了，章孝慈（時任東吳大學校長）改姓蔣，沒多久就在訪問大陸的時候病倒，然後死了，死的那年 53 歲。這也是報應之一。」1994 年 11 月，蔣孝慈在北京進行學術交流期間，因腦溢血昏迷，在北京治療數天後，送返臺灣繼續治療，但他一直臥病不起，不曾甦醒，延至 1996 年 2 月 24 日在「榮總」離世。

辦公室白領張美華說：「很多臺灣人憎恨蔣家。他們曾經殺人無數，所以人們有『報應報在孩子身上』的想法──儘管孩子們的雙手沒有沾血。蔣家的歷史很黑暗。蔣方良自己是無辜的。我們對她知道很少。她很少說話──也許有人不讓她多開口。她是個簡單的家庭主婦，不捲入政治。」

臺北出租車司機黃立國述說蔣孝文和蔣孝武的惡行：「蔣方良的兩個大兒子很不檢點。他們喝酒、追女孩、糟蹋她們的身體，所以他們才有病。他們有特權，但沒有分寸。他們的父母為什麼不約束他們？蔣家都是那樣。所以，那不是命運的問題，是他們所

作所為種下的果。對蔣方良來說，是很傷心，但那不是天譴。蔣經國關心民眾，為他們服務。他很受人歡迎。」

黃立國說：「蔣方良在民眾當中的名聲不錯。她是一位妻子、一位母親、一位家庭主婦。她生活簡單，不貪污。丈夫死後，她留在臺灣，這表示她在這裡有朋友。你看，蔣介石死了以後，宋美齡就去了美國長住 —— 她在那邊多的是錢。蔣方良不會這樣。」

註

1   王美玉：《蔣方良傳：淒美榮耀異鄉路》，頁 94。

2   周玉蔻：《蔣經國與蔣方良》，頁 273。

3   筆者與蔣方智怡訪談的記錄，2018 年 12 月 19 日。

4   翁元口述、王丰撰寫：《我在蔣介石父子身邊的日子》，頁 294。

5   中文《聖經》和合本（繁體）。

6   同註 3。

7   周聯華：《周聯華回憶錄》，頁 198。

8   同註 7，頁 222。

9   同註 7，頁 229。

10   同註 1，頁 102。

11   同註 2，頁 327。

12   同註 2，頁 326。

13   同註 1，頁 103。

14   同註 1，頁 122-123。

15   同註 1，頁 126。

16   同註 3。

17   同註 1，頁 140。

18   同註 3。

19   同註 1，頁 145。

20   同註 1，頁 149。

21   同註 3。

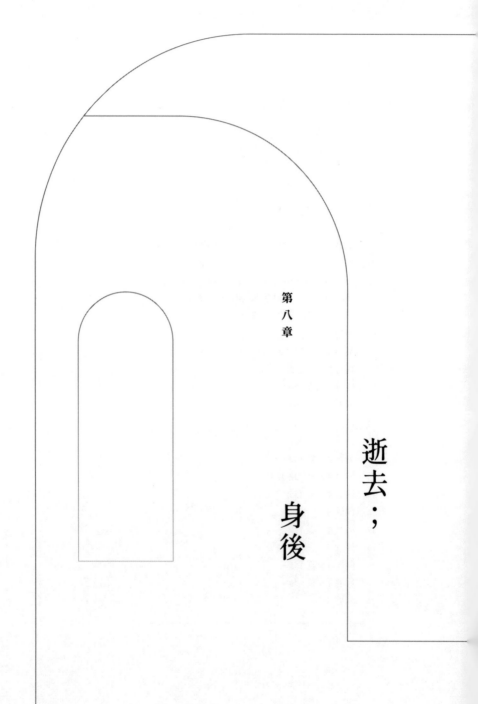

第八章

逝去；身後

幼子孝勇離世後，方良繼續住在「七海」。陪伴她的，主要是她三個兒媳，外加「七海」的上下職工。1997年1月13日，三個兒媳婦陪着方良到蔣經國的靈前拜謁。那是蔣經國走後第九個忌日。方良深居簡出，生活恬淡。她靠基督信仰，以及與亡夫53年鶼鰈情深的追憶，支撐着自己。

幼媳蔣方智怡：「她的晚年自然是孤獨的，我們都知道，你急不來，必須等到天主的召喚。直到最後時刻，她的頭腦都很清醒、體魄很健壯。她有中國婦女的堅強個性，認為自己就是一個中國人。我非常景仰她。她從不給我設下條條框框，要我怎麼做怎麼做，更別説要操控我了。我丈夫説，她從不説個『不』字。我們對她、對蔣介石、對蔣經國、對宋美齡，都十分崇敬。」

「我也記得宋美齡在1971年『中華民國』被驅逐出『聯合國』後，對一個婦女組織發表演説時所講的話。她也引述《聖經》〈哥林多後書〉4:7-10的話：『我們有這寶貝放在瓦器裡，要顯明這莫大的能力是出於神，不是出於我們。我們四面受敵，卻不被困住；心裡作難，卻不至失望；遭逼迫，卻不被丟棄；打倒了，卻不至死亡。身上常帶着耶穌的死，使耶穌的生也顯明在我們身上。(繁體中文《聖經》

蔣介石手書，題字「賢良慈孝」作為方良 50 歲生日的贈禮。（「國史館」提供）

和合本)』」(註1) 蔣家就是依靠這些話語，熬過「中華民國」一夜之間丟失原來在國際舞台上所享有的地位，落入「中華人民共和國」手上的最初那些年頭。方良也用這些話語來支撐自己，去面對一椿接一椿家庭悲劇所帶來的艱難日子。

逝去

2004 年 10 月 6 日，蔣方良因急性哮喘和食道發炎，被送進「榮總」。經治療後，方良的情況穩定了下來；但兩個多月後，12 月 15 日當天接近中午的時刻，她的血壓驟降、心室顫動，「榮總」首席外科醫生李壽東說：「很不幸，醫療團隊的復甦急救無效。」蔣方良於中午 12 點 40 分死於呼吸和心臟衰竭，終年 88 歲。

當天下午，時任「總統」的陳水扁前往醫院，向蔣方良的家人表達哀思。陳水扁說：「蔣方良女士⋯⋯擁有中國婦女傳統的美德，善盡賢妻慈母角色，以家庭為要，相夫教子，足堪婦女典範」；而陳的副手呂秀蓮則表示，蔣方良那「admirable, womanly character」(令人欽佩的賢淑特質)，教人永難忘懷。(註2)

2004 年 12 月 27 日，蔣方良的喪禮在「榮總」隆重舉行，臺灣主要政黨的領袖 (包括民進黨籍的陳水扁、呂秀蓮；國民黨的馬英九和王金平) 均到場弔唁。根據蔣方良本人的遺願，有關方面為她的遺體進行火化，骨灰安置於頭寮大溪陵寢，她丈夫的浮厝旁。

政府計劃將「七海」轉型為文化公園——「經國七海文化園區」，規劃中的公園佔地 4.6 公頃，包括原來的官邸區以及一座湖，園內還有「蔣經國圖書館」，內藏有關蔣經國的各類文獻。樓高兩層的「七海」，一樓是接待室、起居室、會客大廳；二樓是蔣氏夫婦臥室、書房等。政府希望透過園區，讓大眾對蔣經國的日常生活有更深的了解。

蔣經國留下的財富

蔣經國身後留下一筆非凡的遺產：2019 年（小蔣過世後 31 年），臺灣成為亞洲最富裕的經濟體之一，同時也成就了鬧哄哄的民主政體、自由開放的大眾傳媒，以及一個充滿活力的公民社會。2017 年，它的 GDP 達到 5,730 億美元（全球排第二十二位）；基於購買力平價（purchasing power parity, PPP）的人均 GDP 則為 49,827 美元（全球排第二十一位）。(註 3) 臺灣的信息和通信技術（ICT）產業居於世界前列。根據世界貿易組織 2017 年的數字，臺灣是全球第十六大商品出口地、第十八大商品進口目的地。2019 年 3 月底，臺灣的外滙儲備達 4,640.8 億美元（全球排第五位，僅次於中國大陸、日本、瑞士和沙特阿拉伯）。

戒嚴令的撤銷，迎來了公民社會的爆炸性發展：臺灣目前有超過 2,500 個公民組織、25 萬個地方團體或地方委員會，成員人數超過 1,000 萬。他們從事各種慈善、體育、志願工作、學術、教育、

出版等領域的各種活動。臺灣有 4 個主要的佛教組織，其中慈濟基金會是全球華人社會中規模最大的非政府組織，成員數達 1,000萬人，其中有一半在臺灣，其餘遍佈世界各地。慈濟的收入來自善信、公眾的捐獻。在臺灣，慈濟興辦中小學、大學、醫院，組織各類慈善活動，又運營 4,500 個資源回收中心；在海外，慈濟曾在超過 85 個國家提供災害救濟，為災民提供食品、禦寒衣、藥品、日常所需、(用 PET 塑料瓶回收再造的) 毯子等。慈濟營辦分文不取的診所、為痛失家園的災民蓋房子、運營亞洲最大的骨庫；在伊斯坦布爾，它為被流放的敘利亞難民設立學校和診所(由難民自己擔任員工，照顧他們的同胞學生和病人)。慈濟展示了為平民百姓謀福利的力量，是公民社會能辦大事的絕佳例證。

蔣經國親自選定的接班人李登輝，於 1996 年操辦了臺灣歷來首次「總統」選舉，他本人奪得 54% 的支持票當選。其後，「總統」選舉每 4 年舉辦一次。2000 年，在野黨民主進步黨的參選人陳水扁，以 39.3% 的得票率成為臺灣首位非國民黨籍的領導人，自此至今，國民黨和民進黨交替入主，實現了政黨輪替。沒有蔣經國推動的那些改革 (特別是他生命中最後一年所推動的)，就沒有這一切。蔣經國或許不會批准後來民進黨所推行的政策，但至少，臺灣人民現在可以用選票選出他們屬意的政府 —— 不管是臺澎金馬全域還是地方各級單位，這倒是蔣經國所樂見，甚至可以說，那正是他推動的政治改革所結出的果實。2018 年 11 月 24 日，臺灣舉行地方選舉。當天，除了投票給自己支持的候選人外，選民還要一次性就 10 個議題勾選出自己的意向，包括同性婚姻。像這

樣的議題，只要合資格選民中有 15%（約 28 萬）聯署提出，當局便須籌辦公投。這個啓動公投的門檻，是全球最低之一。

美國通過《臺灣關係法》，是蔣經國最大的外交成就。1978 年 12 月 16 日，北京與華盛頓發表《中美建交公報》，美方承認北京為中國唯一合法政府（雙方並於次年元旦正式建交）。在美國公告將與中華人民共和國建交後不久，臺方人員即與美方展開洽談，終促成美國國會通過《臺灣關係法》。不少本土及海外臺灣人都相信，一旦華盛頓與北京的經貿和外交聯繫達到一定水平，美國將放棄臺灣——停止對臺軍售、撤銷對臺的政治支持。但，他們所擔憂的事卻從未發生。2019 年 5 月 6 日，美國在臺協會（AIT）搬到臺北內湖區一個佔地 1.5 萬平方米的山腳地塊、耗資 2.55 億美元的新建樓群。AIT 配有近 500 名員工（包括美軍人員）。美國國務院助理國務卿（教育及文化）瑪麗・羅伊斯（Marie Royce）在新館啓用儀式上說：「那是 21 世紀美－臺關係強韌、具活力的象徵。」AIT 處長酈英傑（William Brent Christensen）說：「AIT 希望，臺灣會視這個讓人印象深刻的機構為對我們雙方共同未來的一項長遠投資。我們期許着雙方各就其位，携手為未來 40 年的美臺合作而努力。」

2019 年 4 月，前美國眾議院議長、共和黨人保羅・萊恩（Paul Ryan）率領一個 26 人代表團訪臺，出席《臺灣關係法》簽署 40 周年紀念活動。「眾議院議長」是美國國家建制體系其中一個最高層的領袖，萊恩於 2015 年 10 月到 2019 年 1 月期間擔任此職；代表

團成員中，包括了 4 位眾議院議員，以及前任和現任美國政府高層官員。美國繼續向臺灣出售先進武器；2019 年，臺灣向美方洽購了 66 架 F-16V 戰機。萊恩在 4 月 15 月的紀念活動上發言稱，臺灣對民主的擁抱「為所有中國人示範了一條較好的路徑。臺灣的領導層顯示出對美臺共同價值的理解，而這種價值灌注於美臺關係獨特的重要性之中。毫無疑問，目前的美臺關係源自我們的共同價值、我們共同擁抱的民主、自由市場、法治和人權。」如果蔣經國也在座，他會感到欣慰。

臺灣所面對最複雜、最具挑戰性的課題，仍然是如何處理與臺海對岸的關係。1973 年 3 月，重新躋身中共中央委員會的鄧小平向海峽對岸喊話，就兩岸統一展開洽談。蔣經國拒絕了這位「莫斯科中山大學」老同學的呼籲；他也拒絕了大陸方面的其他嘗試（包括鄧小平於 1981 年提出的「一國兩制」構想），又排除了蔣、鄧二人會面的可能性。蔣經國相信，他們至少可以在臺灣創建一個讓每一位中華民族兒女仰望的民主和經濟發展模式。一如其他北京的領導人，鄧小平明白，蔣經國是兩岸統一談判的最後希望：他知道，蔣仍抱有「統一中國」的夙願，而在臺灣，也只有他具有與對岸議和的個人威望——在這方面，他的繼任者中無人能望其項背。

鄧小平的這個判斷無比正確。蔣經國身後所發生的一切，使統一的前景似乎越來越遙不可及。臺灣的民主進程大步向前，意味着像「統一」這般影響深遠的重大決定，必須交由人民作主。此

刻，絕大多數台灣民眾傾向維持現狀。現任中國國家主席習近平在 2019 年 1 月一次講話中，重提以「一國兩制」解決統一問題，但再一次引起臺灣領導人與公眾的反彈。因為擺在他們面前的，是不可能的任務：一方面要與其最重要的經濟夥伴維持良好關係；另一方面，這位夥伴與你維持良好關係的前提，是在「中華人民共和國」這面旗幟下推動兩岸統一，而這正是目前不少臺灣民眾還不願接受的。

對於蔣經國推動的改革及其結果，很多臺灣人都百感交集：他們歡迎民主、言論自由、公民擁有的種種空間；但他們又相信，在黨派和個人間的衝突驅動下，寶島的政治已經變得太對抗性，以致難以達成共識、落實政策寸步難行。不少人認為，為了自由和民主，臺灣的經濟已經付出沉重的代價。過去 10 年，臺灣工資增速在「亞洲四小龍」中最低（其餘三小龍是香港、韓國和新加坡）。數以千計臺灣青年無力在寶島的主要城市購置居所。為了追求較高薪金而遷往中國大陸工作、生活的臺灣人，約有 100 萬。另一些則懷念蔣經國時期的臺灣，他們認為當時的政府有能力制定長遠的經濟規劃並付諸落實。地理上，臺灣就在中國大陸旁邊，北京時不時提醒着「臺灣是中國不可分割的一部份」，由此引發兩岸的種種複雜互動，使臺灣的政治和外交發展進退維谷。

大部份臺灣人對蔣經國的評價都是正面的。他把政府的精力都放在經濟和基礎建設，而不是像他父親那樣，專注於重奪江山。他是第一位懇切走進群眾當中，聆聽百姓心聲的臺灣領袖，為後

繼的政治領袖樹立了楷模。他將戒嚴令下的一黨專政國家，改造成自由開放的國度。終蔣經國一生，蔣方良都是他最堅實的支持者——特別是在危難當頭、前路茫茫之際。蔣經國在蘇聯備受政治排擠、窩在斯維爾德洛夫斯克家中的那段日子裡，是方良陪在他身邊，度過恐懼和貧困；回到中國，在日軍那驚心動魄的轟炸、內戰以兵敗如山倒告終，丟掉江山、避走臺灣，一路走來篳路藍縷，方良都是蔣經國身邊的精神支撐。在蔣經國最後的日子裡，糖尿病、視力退化、雙腿壞死等病症讓他疼痛難當，他與病魔苦苦搏鬥期間，方良總是寸步不離。蔣經國為臺灣的民主轉型立下歷史性的功勳，但或許只有他本人和將方良女士才知道，他們之間的「相欠債」要怎麼算。

晚年的方良與蔣經國。

註

1　筆者與蔣方智怡訪談的記錄，2018 年 12 月 19 日。

2　英文報章 *Taipei Times*，2004 年 12 月 16 日。引呂秀蓮語。

3　臺灣政府官網。

鳴謝

我們必須為此書終能寫就,感謝眾人——尤其是臺灣的朋友。

我首次踏足臺灣,是 1981 年初夏。初來乍到,我的要務之一是學國語,以便我做好《聯合報》(當時寶島最大報章之一)的編輯工作。那時碰到的每一個人,都那麼有禮、熱情。我在臺灣的頭一個晚上,是在一位友人位於新竹市(臺北市西南 65 公里)的家度過。翌日(不知算是半夜還是清晨)4 時 30 分,我被一陣軍歌吵醒,睡眼惺忪望向窗外,看見士兵繞着基地運動場跑圈、聽見他們邊跑邊唱愛國歌曲。那時的臺灣正處於軍法統治期間,19 至 36 歲的男丁,要當兩年的兵。貴為「總統」的蔣經國,出現在臺灣幾乎每一個角落——電視、廣告牌、報章……他也走到群眾當中,和他們攀談。媒體完全由政府操控,沒有一天看不到蔣經國的新聞。

後來,我搬到臺北一所學生宿舍住。那裡的學生有臺灣本土的,也有外國的,其中一位是操德語的瑞士人。他有時會和蔣經國的

過繼弟弟蔣緯國碰面（蔣緯國諳德語）。

1936 年，蔣經國把弟弟送往德國慕尼黑一所軍事學院受訓；畢業後即加入德意志國防軍（Wehrmacht）。德軍 1938 年入侵奧地利期間，蔣緯國擔任裝甲師的一名指揮官，後來更獲晉升至裝甲師的一名中尉。正當他候命與進攻波蘭的大軍會師之際，卻收到中國國防部派遣他到美國接受進一步訓練的調令，於是，他離開了歐洲。

臺灣學生對外國來客既有禮又友善，然而，生活在一黨專政的國度，他們說話謹慎，特別是當話題轉向政治時。沒有人提及蔣方良，很多人甚至不知道蔣經國有個洋老婆。語言學校裡的教師都是來自中國大陸的外省人──1949 年隨蔣介石的國民黨大軍遷臺之黨政軍人員及家眷。臺灣學生中有不少其父母在國民黨或黨主導的政府中身居要職，常談及移居臺灣前在上海、北京、南京（直至 1949 年止國民政府的首都）等地過的生活。家長們也從未提及蔣方良。

隨着年深日久，友誼厚積，臺灣朋友的戒心也慢慢放下。儘管官方媒體對蔣氏一家之私諱莫如深，但人們私底下卻無甚顧忌。要人們憋着不說，其實也不容易，因為自 1949 年以來，蔣家一直左右着臺灣的政局。臺灣解嚴（1987 年）後、史料陸續曝光之前，民眾對蔣家的一切一無所知，造就了謠言和「故事」（特別是兩個兒子的醜行）不脛而走。一般而言，民眾提到蔣經國，說的都是

好話：他為臺灣經濟的建設貢獻良多；作為一位領袖，他比父親更敏感於民情。

看蔣經國的電視講話，不少人要將視線移至屏幕下方的字幕，才知道他在說什麼，故此，人們會開小蔣（和他父親）濃厚寧波口音的玩笑，其中一個廣傳的笑話，與蔣經國物色繼任人有關。話說有一次，小蔣行將發表講話，公佈繼任人選，但他秘書卻仍未獲告知那人是誰。秘書只好緊隨他進入洗手間，隔着廁門要答案。蔣經國回應：「Ni deng yihuir」（他想說：「你等一會兒」，但由於寧波口音太重，秘書聽成「李登輝」（Lee Teng-hui，或漢語拼音的 Lǐ Dēnghuī）。笑話的要點是：李登輝是一個讓人大跌眼鏡的人選，而國民黨內不少人認為他只會是一位臨時領導人，過渡一下。

我的朋友告訴我蔣經國的夫人是外國人，但對其人一無所知——她絕少公開露面。類似的交談慢慢形成我對蔣經國和他一家的印象，儘管這些印象殘缺不全，且往往並不準確。我想：蔣經國，一個複雜的男人，過着非凡的生活，一定有一些什麼值得找人好好寫一寫。

所以，我首先要感謝的，是我寄居臺灣兩年半期間所遇到的老師、朋友以至普通民眾。他們是那麼善良，那麼樂於分享他們的洞見和感受。此後，我還有多次機會再訪臺灣，所樂享的幽默、所沐浴的友善，未曾消減；隨着戒嚴解除、報禁開放，人們知道的較以前為多、更願意表達所思所想，而毋須再「瞻前顧後」，留

神周遭的耳朵。

特別是為這本書，我必須感謝蔣方智怡女士和簡靜惠女士的寶貴時間；感謝蔣孝武，他 1990 年 8 月在東京接受了我的訪問。臺北的「國史館」慨允提供超過 30 張蔣方良女士的照片，讓本書讀者有機會一睹相關影像。我們前往蒐集資料、採訪期間，王寶裕先生和他的家人給我們的幫助尤其大——開車送我們去很多地方、說了很多我們不知道的史實。我們也要感謝張國葆先生（臺灣「外交部」一位高階官員）的支持和鼓勵。

讀者們或將注意到，我們在書中大量引用若干本有關蔣方良和她家人的佳作，故必須在此對作者們的精耕細作表示由衷敬佩，對他們慨允引用表示由衷感謝：丁大衛（Jay Taylor）、王美玉、翁元、周玉蔻、簡錦錐和周聯華牧師——讀者可在每一章後面的註中找到相關文章的標題和出版人。我們也要感謝美國康涅狄格大學（University of Connecticut）歷史系俄羅斯史學家 Victor Zatsepine 博士——他為本書的第一章把關，提出了修改和更正意見（我們全盤接受）；英國《衛報》（*Guardian*）中國問題專家 John Gittings——他為本書的另外三章作了同樣的貢獻。

我們不忘感謝「香港三聯書店」同仁的不懈支持和專業協助，特別要感激副總編輯李安女士、高級出版經理李毓琪女士和本書編輯張蘊之女士，以及負責本書設計和排版的同仁。我們感謝 Donal Scully 先生在編輯本書英文版時的細緻努力，感謝程翰先生

出色地完成本書的英譯中勞作（他也曾為我的另外幾本著作執筆作英漢翻譯）。

愛妻羅迅之伴我經歷所有為寫此書而作的臺灣行旅和訪問，並毫無保留地引領我這個對華人世界「有點近視」的老外跌跌撞撞地穿越華文世界的森林。在此應記她一功。

本書之前，我曾寫過兩本有關外國人在中國度過其整個成年歲月的故事——本人的祖父 Frederick O'Neill（一位愛爾蘭長老會傳教士）由 1897 到 1942 年在中國大東北滿洲地區的故事，以及赫德爵士（Sir Robert Hart）1863 至 1911 年間擔任大清海關總稅務司的故事。蔣方良女士的故事同樣地激起我要把它寫出來的衝動。一如我祖父和赫德爵士，蔣方良早早便遠別自己的家庭、家鄉和祖國，投入對其一無所知的全新生活。她要從頭學習中國的語言、習俗、禮儀，乃至如何當一個中國妻子、中國兒媳。她嫁進了中國最有權勢的家庭，隨之分享所有的勝利、榮耀，分擔所有的失敗、悲悽。

盼望讀者們和我一樣，覺得蔣方良的故事精彩、感人。

馬克・奧尼爾（Mark O'Neill）

參考書目

書籍

1. Jay Taylor, *The Generalissimo's Son: Chiang Ching-kuo and the Revolutions in China and Taiwan.* Harvard University Press, 2000.

2. Jay Taylor：《蔣經國傳》（*The Generalissimo's Son* 之中文版），哈佛大學，2000。

3. 王美玉：《蔣方良傳》。臺北：時報出版，1997。

4. 周玉蔻：《蔣經國與蔣方良》。臺北：麥田，1993。

5. 翁元口述、王丰撰寫：《我在蔣介石父子身邊的日子》。臺北：時報出版，2015。

6. 陳守雲：《洞悉蔣經國》。臺北：獨立作家出版社，2016。

7. 簡錦錐：《明星咖啡館》。新北市：INK 印刻文學，2015。

8. 蔣經國：《我在蘇聯的生活》。上海：前鋒，1947。

9. 周聯華：《周聯華回憶錄》。臺北：聯合文學，2016。

報刊與網站

1. Andrei Zamoiski, *International Encyclopedia of WW1 – Belarus*（Orcha 市官網）。

2. *Ekaterinburg, Historical Essays (1723-1998)*，1998 年在 Yekaterinburg 出版（塔斯社 2017 年 12 月 8 日的報導）。

3. James Barron, *The Cog that Slipped: Chiang Ching-kuo's Russian Odyssey.* 刊於《外交家》（*Diplomat*），2018 年 9 月 28 日。

4. 白俄羅斯《真理報》一篇介紹蔣經國和他太太的文章，2007。

5. 《真理報》2013 年 4 月 9 日有關 Yekaterinburg 市爭奪 2020 年世界博覽會主辦權的報導。

6. 〈戰時重慶：開掘「世界最大地下城市」〉，《國家人文歷史》，人民日報社 2019 年 1 月號（此文有關於空襲重慶的精彩描述）。

7. 《中國日報》2015 年 1 月 12 日有關蔣經國 1948 年在上海的居所之文章。

訪談

1. Pyotr Nikitenko 接受白俄羅斯《共青團真理報》訪問的筆錄。2007 年。

2. 筆者與蔣孝武訪談的摘要。1990 年 8 月 5 日，東京。

3. 筆者與蔣方智怡訪談的筆錄。2018 年 12 月 19 日，臺北。

4. 筆者與簡靜惠（簡錦錐女兒）訪談的筆錄。2018 年 12 月 17 日，臺北。

責任編輯	張蘊之、周怡玲
書籍設計	嚴惠珊

書　　名	蔣經國的俄國妻子 —— 蔣方良
作　　者	馬克・奧尼爾（Mark O'Neill）
譯　　者	程翰

出　　版	三聯書店（香港）有限公司 香港北角英皇道四九九號北角工業大廈二十樓 Joint Publishing (H.K.) Co., Ltd. 20/F., North Point Industrial Building, 499 King's Road, North Point, Hong Kong
香港發行	香港聯合書刊物流有限公司 香港新界大埔汀麗路三十六號三字樓
印　　刷	美雅印刷製本有限公司 香港九龍觀塘榮業街六號四樓 A 室
版　　次	二〇二〇年二月香港第一版第一次印刷
規　　格	特十六開（148mm X 215mm）二〇〇面
國際書號	ISBN 978-962-04-4615-3

三聯書店
http://jointpublishing.com

JPBooks.Plus
http://jpbooks.plus